RECHERCHES

sur les causes

DE LA

DÉCADENCE DES THEATRES

et de l'Art dramatique en France.

IMPRIMERIE DE A. APPERT,

Éditeur de la Biographie du Clergé contemporain,

54, Passage du Caire.

RECHERCHES

SUR LES CAUSES DE LA

DÉCADENCE DES THÉATRES

ET DE

l'Art dramatique en France,

Par J. P. VALLIER,

L'UN DES FONDATEURS ET DES RÉDACTEURS DU FOYER,

Journal des Théâtres, des Sciences, des Arts, des Mœurs, etc., etc., etc.

Je n'ai et n'ai pu avoir d'autre but
que la vérité.   (VOLTAIRE.)
Le devoir de ne la trahir jamais,
est une raison de la dire toujours.

———◆———

Prix : 3 fr. 50 cent.

———◆———

A PARIS,

CHEZ A. APPERT, ÉDITEUR,

Passage du Caire, 54.

BRETEAU ET PICHERY, LIBRAIRES,

Passage de l'Opéra, Galerie de l'Horloge, 16.

———

AOUT 1841.

AVANT-PROPOS.

Quelques écrivains pensent que la décadence de l'art théâtral provient de l'influence qu'exercent l'esprit de parti et notre système de *gouvernement constitutionnel*; et que les allusions politiques étant beaucoup plus fréquentes qu'autrefois, elles font presque exclusivement le succès ou la chute des ouvrages dramatiques, selon qu'elles sont prises en bonne ou en mauvaise part. C'est une erreur. Il est vrai de dire, pourtant, que si la littérature dramatique est et doit être l'expression de notre société, elle doit aussi suivre la marche et l'esprit de cette société. Donc nous ne voyons aucun mal à ce qu'on s'amuse, dans une comédie, un drame ou un vaudeville, à faire des allusions au système qui nous gouverne. Les allusions politiques ont été de tous les temps ; elles n'ont fait faute ni aux monarchies de Louis XIV, de Louis XV, de Louis XVI, ni à la République, à l'Empire et à la Restauration. Il est même parfois arrivé que le peuple en a trouvé dans les ouvrages les moins inquiétants pour le pouvoir. Cela n'a pas empêché l'art dramatique de prospérer sous tous ces régimes. Le mal est par conséquent ailleurs. Pour trouver la véritable, ou plutôt les véritables causes de la décadence des théâtres, il faut passer en revue tous les ressorts sans lesquels les théâtres, tels qu'on les a faits, ne sauraient ni ne pourraient fonctionner; c'est-à-dire, les privilèges, les subventions, les directeurs, les artistes, les auteurs, les compositeurs de musique, les journalistes, etc., etc. Par là, nous arriverons sûrement et infailliblement à une conclusion.

RECHERCHES

SUR LES CAUSES

DE LA DÉCADENCE DES THÉATRES

ET DE L'ART DRAMATIQUE

EN FRANCE.

Des Privilèges et du Monopole des Théâtres.

—

Les privilèges tuent le commerce, étouffent l'industrie, annihilent les sciences, les arts, enfin tout ce qui est beau, grand, noble et généreux; ils n'engendrent que la misère, l'ignorance et la barbarie. Quatorze siècles nous l'ont suffisamment appris. La concurrence, au contraire, enfante la prospérité, propage les lumières et les bonnes mœurs, accroît les richesses publiques et particulières, et pousse à cette civilisation qui seule fait la gloire des nations. Les résultats de nos deux révolutions de 1789 et de 1830 le prouvent assez.

Pourquoi donc les théâtres, qu'on se plaît à ne considérer que comme des entreprises industrielles, ne différant absolument en rien de celles qui ont le droit de se multiplier à l'infini, ne se multiplieraient-ils pas aussi autant qu'il plairait à l'esprit d'entreprise? S'il est vrai que la houille produit le gaz qui enchante, fascine les yeux partout, sur nos quais, sur nos boulevarts, dans nos magasins, dans nos cafés, n'est-il pas vrai aussi de dire que l'art théâtral produit cette vive clarté, cette lumière divine qui vient éclairer notre intelligence et guider nos pas vers cette civilisation qu'on regarde, avec raison, comme le trésor le plus précieux des grands peuples?

Mais, dira-t-on, il y a déjà bien assez de théâtres qui tombent et meurent, sans en créer de nouveaux pour faire mourir et tomber ceux qui sont encore debout. — Qu'importe à l'art et au public qu'un ou plusieurs spéculateurs, administrateurs de spectacles, se ruinent dans leurs spéculations? Tant pis pour ceux qui ne savent pas administrer. Que dirait-on d'un fabricant qui réclamerait contre de nouveaux fabricants *parce que ceux qui existent déjà seraient plus que suffisants pour la consommation?* Ce n'est donc pas de cela qu'il s'agit, c'est du progrès. Ceux qui font mieux l'emportent toujours, voilà le bien ; ceux qui se trompent succombent ; c'est un mal, sans doute, un mal tout individuel, mais où est le dommage pour l'art?

D'ailleurs les ateliers de peinture, ceux de sculpture, les cabinets des savants, des érudits et des poètes sont-ils limités? les compositeurs de musique sont-ils privilégiés? Tout cela est donc libre, tout, excepté la chose la plus importante, le théâtre ; c'est-à-dire l'art exquis, élevé, admirable, de reproduire l'homme devant l'homme, de le réformer par lui-même, de refléter, comme dans un miroir, les mœurs de notre société, de contrôler ses ridicules et de combattre ses mauvais penchants. Ainsi, permettre à tout administrateur de fonder un théâtre, serait donc aussi juste que de permettre à tout marchand de vendre sa marchandise.

Dans le commerce comme dans l'industrie, si la concurrence est toute au profit des consommateurs ; de même ce seraient toujours l'art et le public qui gagneraient au libre exercice des professions artistiques.

Il faut donc conclure de tout ceci que le nombre limité des théâtres est un mal; mais il y a plus : ce nombre limité se divise en deux classes, celle qui est subventionnée et celle qui ne l'est pas. La première est sans aucun concurrent, aussi est-elle plus en décadence que l'autre (relativement au rang qu'elle occupe bien entendu); la deuxième, au contraire, qui se trouve en face des quelques concurrents permis, tous à leurs risques et périls, la deuxième, disons-nous, fait quelques efforts pour l'emporter sur ses rivaux; mais non plus que l'autre elle ne fait rien pour l'art; l'attention des directeurs non subventionnés étant plus fixée sur les moyens d'empêcher les autres théâtres de prospérer, que sur tout ce qui intéresse l'art.

Nous reviendrons sur ce sujet lorsque nous parlerons des directeurs; mais, en attendant, citons un exemple frappant de l'influence qu'exerce sur l'art et la prospérité des théâtres, la concurrence, quelque faible qu'elle puisse être.

THÉATRE-FRANÇAIS.

Notre Théâtre-Français, jadis si brillant, si grand, si digne, si imposant, n'est plus aujourd'hui qu'un théâtre sans feu, sans âme, sans retentissement; il est tombé si bas qu'on aurait peine à croire à son ancienne opulence, à sa gloire passée, s'il ne restait pas quelques traditions de son antique splendeur. Nous n'examinerons pas ici toutes les causes de cette décadence si déplorable d'un théâtre qui fut si longtemps l'école de notre langue, celle de la bonne littérature, et le sanctuaire des chefs-d'œuvre de nos poètes les plus fameux. Les gens de goût et les esprits cultivés et sages de toutes les nations venaient à Paris pour y puiser d'excellentes leçons sur la langue française, si difficile, et sur notre belle et correcte prononciation, si négligée depuis; ils venaient aussi étudier nos mœurs, si bien peintes alors; ils venaient enfin apprendre ce langage élégant et noble qui convient aux bonnes manières, que la Comédie française savait revêtir de tant de charmes, et que les artistes d'aujourd'hui semblent avoir oubliée totalement.

Messieurs les sociétaires du Théâtre-Français, fiers de leur haute position, se sont toujours arrangés de manière à fermer si hermétiquement toutes les avenues de leur temple, que le plus beau talent ne pouvait y pénétrer ; les chefs d'emplois étaient, et sont encore aujourd'hui, tout puissants et seuls souverains maîtres. Ne permettant qu'aux médiocrités d'arriver jusqu'à eux, ils étaient bien sûrs de n'être jamais éclipsés; ce qui fit que de dégradation en dégradation, la société se trouva presque exclusivement composée de nullités. La décadence était complète : après Grandval, Fleury, Molé, sont venus Damas, Armand, Michelot; puis après Firmin et Menjaud. Si mademoiselle Mars a pu remplacer mademoiselle Contat, qu'est-ce qui remplacera mademoiselle Mars ? Mesdames Devienne et Demerson ont eu pour successeurs mesdames Thénard et Dupont. Préville, Dugazon, Dazincourt et Larochelle furent remplacés par Monrose, Faure, Thénard et Cartigny. Madame Menjaud toute seule remplaçait les Gaussin, les Sainval et les Fleury; Talma succédait bien à Lekain et à Larive, mais il ne restait derrière Talma que Lafond. Après les Duménil, les Clairon et les deux Sainval arriva mademoiselle Raucourt; puis, après, mademoiselle Duchesnois, qui n'avait personne derrière elle. Après Michot, même vide; Batiste aîné laissa son sceptre à son gendre Desmousseaux; Batiste cadet était mort sans successeur; Grandménil avait pour remplaçant Saint-Aulaire.

Voilà où en était la Comédie française, lorsqu'enfin le ministre daigna jeter un regard sur les sociétaires. Il fut effrayé du mal déjà fait et qui empirait tous les jours davantage. Il *permit* un second Théâtre-Français; l'Odéon ouvrit ses portes, les poètes délaissés taillèrent leurs plume et les artistes ignorés se montrèrent avec assurance; l'activité, le zèle et l'intelligence régnèrent bientôt, et l'on vit deux théâtres rivaux lutter de force et de travail.

Les résultats ne se firent pas attendre longtemps. Les sociétaires du Théâtre-Français, naturellement fiers, paresseux et pleins de dédain, devinrent tout-à-coup laborieux, affables et prévenants. Mais la longue habitude de ce doux *far niente*, dans lequel ces messieurs et ces dames s'étaient endormis pendant nombre d'années, ne leur permit pas de lutter avec avantage contre des adversaires façonnés dès longtemps au travail et à l'activité. L'Odéon l'emporta. Ce théâtre fit représenter pendant le cours de son existence, savoir :

74 tragédies en cinq actes;
84 comédies en trois ou cinq actes ;
82 pièces en un ou deux actes.
Total 240 œuvres dramatiques.

Dans le même espace de temps, le Théâtre-Français fit représenter :

66 tragédies en cinq actes;
59 comédies en trois ou cinq actes ;

35 pièces en un ou deux actes.
Total 160 ouvrages dramatiques.

L'Odéon a donc fait représenter quatre-vingts pièces de plus que le Théâtre-Français. Mais ce n'est pas tout. L'élan donné aux sociétaires de la Comédie française, par la création d'un second Théâtre-Français, disparut bientôt lorsque l'Odéon fut obligé de fermer ses portes; l'antique paresse des seigneurs de la rue Richelieu s'empara de nouveau de ces nobles fainéants, et tout reprit sa marche accoutumée. Ainsi, dans un laps de temps égal à celui sur lequel nous venons d'établir nos calculs, la Comédie française n'a fait représenter que quatre-vingts pièces au lieu de cent soixante; et depuis, elle a toujours continué sur le même chiffre et dans la même progression de décadence. Peut-on nier maintenant l'influence de la concurrence? Qu'on y prenne garde, car depuis la fermeture du second Théâtre-Français, le premier tombe tous les jours davantage, et le temps n'est peut-être pas éloigné où nous n'aurons plus de Comédie nationale. Ne voit-on pas que si nous n'avions pas eu un instant le théâtre de l'Odéon, nous serions aujourd'hui sans Théâtre-Français ?

En effet, que serait devenue la Comédie

française si l'Odéon n'était accouru à son aide? qu'aurait-on pu représenter rue Richelieu si Joanny, Ligier, David, Perrier, Samson, Duparay, Bocage, Beauvalet, etc., tous artistes de l'Odéon, n'avaient prêté l'appui de leur talent aux sociétaires du *premier Théâtre-Français?*

C'est donc l'Odéon, c'est-à-dire la concurrence, permise un instant, qui a ravivé la mourante Comédie française. Il y a plus : le second Théâtre-Français non seulement a fourni les sujets les plus distingués au premier, mais encore il lui a donné un répertoire dont il a usé et dont il fait bien d'user quelquefois.

Disons donc au ministre de l'intérieur : une des plaies les plus cuisantes de l'art théâtral, c'est le privilège, c'est le nombre limité des théâtres. Mais comme nous savons que les bonnes choses ne s'obtiennent que fort difficilement, et qu'avant d'arriver à une liberté pleine et entière, il faut savoir attendre, nous attendrons. Mais en attendant la libre profession de l'art dramatique, ne cessons de réclamer du ministre l'ouverture d'un second Théâtre-Français, qu'il doit autoriser à l'instant même s'il ne veut pas voir tomber d'inanition le premier [1].

[1] Cet ouvrage était sous presse au moment où M. le ministre de l'intérieur s'est décidé enfin à donner le

Oui, c'est la non-concurrence qui perd l'art
théâtral; oui, ce sont les sociétaires du Théâtre-
Français, libres de toute concurrence, qui ont
tout perdu. Cette petite oligarchie, voulant envahir à elle seule tous les genres, laissant de
côté sa spécialité toute littéraire, s'est jetée au-
devant de tous ceux qui flattaient son amour-
propre. De là sont arrivées ces pièces sans nom,
ces ouvrages mixtes exploitant les drames du
boulevard et les vaudevilles du Gymnase, pièces
créées tout exprès pour faire briller l'actrice en
relief. Le succès dépendait uniquement de l'artiste qui jouait le premier rôle; la vérité, l'intérêt et l'ensemble de l'ouvrage étaient sacrifiés
entièrement au rôle principal. Voilà pour le
nouveau répertoire; mais si nous jetons un
coup-d'œil sur la marche de cette administration, nous y verrons que, par spéculation et

privilège de l'Odéon à M. d'Épagny. Le ministre et le
privilégié méritent tous les deux les éloges des gens de
goût : le premier, pour avoir satisfait aux vœux des auteurs, des artistes et du public éclairé; l'autre, pour
avoir persévéré avec tant de patience et tant de zèle dans
la mission qu'il s'était imposée. M. d'Égagny est un lit-
térateur très distingué, un homme d'esprit et d'un talent supérieur; il est actif, laborieux et d'une conscience
parfaite. Il a donc tout ce qu'il faut pour faire un bon
directeur : dans tous les cas, on le jugera à l'œuvre.

par paresse, les sociétaires, sans crainte et à l'abri désormais de toute rivalité, s'endorment dans une sécurité parfaite, et que, pour continuer de jouir en paix d'un doux repos, ils se servent de Racine, de Corneille, de Molière, pour faire les frais de toutes les semaines, de tous les mois, de toutes les années. De cette manière, il y a double profit pour eux : plus de droits d'auteurs à payer, plus d'études à faire.

N'est-il pas honteux de ne voir sur un théâtre subventionné, qui n'a aucune dépense à faire pour ses décors, et très peu à débourser pour ses costumes, où d'ailleurs la mise en scène des pièces ne coûte ni peine, ni difficulté, ni argent, n'est-il pas honteux, disons-nous, de ne voir presque toujours que les ouvrages usés du vieux répertoire, que tout le monde connaît, et qu'on ne devrait représenter que les jours de grande solennité ?

Un théâtre comme celui de l'Opéra, dont les ouvrages exigent tant de soins et donnent tant de peines à monter, dont les machines, les décors et les costumes sont si compliqués, si riches et si extraordinaires, peut bien ne faire représenter qu'un petit nombre de nouveautés ; car enfin il faut le temps de faire et de faire bien ; mais au Théâtre-Français, nous le répé-

tons, c'est une honte, c'est un scandale!
S'il y avait un théâtre rival, cet état de choses
cesserait bien vîte; un bon directeur ferait travailler son monde : il commencerait par avoir
toujours une pièce en répétition et toujours une
nouveauté en pleine représentation; la Comédie française pourrait, devrait même faire représenter tous les mois un grand ouvrage et au
moins deux petites comédies en un ou deux
actes. Qu'est-ce qui l'en empêcherait? Ce n'est
pas le nombre de ses artistes, puisqu'elle possède
une double troupe; ce n'est pas le manque d'ouvrages, puisque ses cartons en sont pleins; ce
ne sont pas les auteurs, puisqu'ils en sont réduits chaque jour à solliciter leur tour; ce n'est
pas le public, puisqu'il ne veut plus rien de
vieux et demande du nouveau à grands cris. Ce
n'est donc que la paresse des sociétaires. Eh
bien! pour faire cesser cette paresse, nous le
demandons encore, qu'on nous donne un second Théâtre-Français; l'art, les auteurs, les
artistes et le public y gagneront également.

De la Censure.

—

Beaucoup d'écrivains se sont élevés avec force contre la censure, établie en violation de l'article VII de la Charte. Ils ont raison; mais ils n'ont pas songé que les privilèges ne peuvent pas exister sans la censure. Il est évident qu'en laissant au ministre le pouvoir de disposer à son gré des administrations théâtrales, on devait aussi lui en laisser le contrôle. Or, la censure n'a pas d'autre but que de servir de contrôle, cela est clair. Pour abolir la censure, il faut donc préalablement détruire le privilège; l'un ne marche pas sans l'autre. Vouloir l'abolition de la censure en laissant subsister le privilège, serait vouloir la liberté avec le gouvernement despotique d'un seul homme. Que les écrivains commencent donc par le commencement et non par la fin. Pour détruire un abus, il faut d'abord extirper le principe. Que dirait-on d'un cultivateur qui, voulant purger sa terre de plantes parasites, en couperait les tiges et ne toucherait pas aux racines? Déracinons donc le privilège, et nous serons à tout jamais débarrassés de la censure!

Des Subventions.

—

Quels sont les théâtres subventionnés?

L'Opéra, le Théâtre-Français, l'Opéra-Comique et l'Opéra-Italien.

OPÉRA-ITALIEN.

L'Opéra-Italien! En vérité, conçoit-on rien de plus anti-national que la protection et la subvention accordées au théâtre Italien? Qui donc paie cette subvention? Les contribuables, sans aucun doute; eh bien, je le demande à tous les gens sensés, la majorité des contribuables profite-t-elle des avantages attachés à la jouissance de ce théâtre? Nullement. Ceux qui en profitent sont précisément ceux qui paient le moins, comparativement à la fortune qu'ils possèdent; car s'ils paient un impôt de 10 pour 100 sur un revenu de cent mille francs, il leur en reste quatre-vingt-dix mille pour satisfaire à leurs besoins et à leurs plaisirs; tandis que si vous prenez dix francs au malheureux qui ne possède que cent francs, vous le priverez pendant quinze jours de sa subsistance même. Il serait donc juste de faire supporter à la classe aisée, et seulement à elle, cette subvention dont elle seule recueille les fruits. C'est ainsi que l'a compris l'aristocratie anglaise, et, nous le disons à sa louange, elle a fait en cela preuve de tact et de goût. Le *Queen's Theatre*, à Londres, est soutenu par les souscriptions et les cotisations volontaires de la noblesse. Le peuple n'y est pour rien, comme cela devrait être chez nous.

Voilà pour la justice distributive. Mais si nous examinons la question sous le point de vue national, n'y verrons-nous pas autre chose encore? Eh quoi! vous qui prétendez que le peuple français donne l'impulsion en toutes choses, vous qui nous faites la nation la plus éclairée du monde, vous déclarez tout haut que l'Italie nous est supérieure dans l'art du chant et de la musique? Que ne faites-vous de même pour tous les autres arts? L'Italie n'a-t-elle pas possédé et ne possède-t-elle pas encore ses peintres et ses sculpteurs célèbres? Que ne les faites-vous venir en France pour travailler exclusivement à enrichir vos musées! Que n'appelez-vous les poètes de l'Angleterre et de l'Allemagne pour marcher en tête de notre littérature? Cela ne serait ni plus ridicule ni moins absurde.

Nous savons bien que les arts sont cosmopolites; mais ce que nous savons aussi, c'est qu'une nation doit tenir à sa dignité, et que si elle peut s'enrichir de toutes les découvertes faites par l'esprit humain, de quelque pays qu'elles lui viennent, il lui est interdit de donner la palme à l'étranger; il lui est interdit de protéger plus effectivement les étrangers que les nationaux eux-mêmes. Celui qui le premier découvrit la vapeur fut un Français; le gouvernement ne sut pas mettre sa découverte à profit, l'Angleterre s'en empara et fit des merveilles; mais l'Angleterre n'eut jamais l'idée anti-nationale de faire venir des Français à Londres, et de les proclamer supérieurs à la nation anglaise.

Mais est-il bien certain que la musique italienne soit supérieure à la nôtre? J'avoue franchement mon ignorance en cette matière, et je laisse le soin de répondre à cette question aux professeurs et compositeurs français.

Est-il bien certain aussi que les artistes exécutants italiens soient supérieurs aux nôtres? A cela, je puis répondre que non. Notre Opéra et l'Opéra-Comique ont compté et comptent encore quelques talents au moins égaux à ceux des artistes du théâtre Buffo. Nos chanteurs ont, selon moi, plus de mérite, puisqu'en chantant sur des paroles françaises, beaucoup moins harmonieuses que les paroles italiennes, ils peuvent lutter avec avantage contre les Rubini, les Grisi, etc., etc.

Ce n'est donc ni sous le rapport de l'art, ni sous celui de la justice, que le gouvernement accorde une subvention et un privilége à un théâtre italien.

Pourquoi donc cet établissement vient-il chaque année exploiter les six mois de la meilleure saison, tandis qu'il n'est pas permis aux autres théâtres de Paris de fermer pendant l'été, époque désastreuse qui engloutit plus que les bénéfices qu'ils ont pu faire pendant l'hiver? Pourquoi? Ne faut-il pas que l'aristocratie nouvelle singe l'ancienne? Ne faut-il pas que cette aristocratie, qui ne saurait autrement se distinguer des autres classes de la société, vienne étaler son luxe et son opulence sur les coussins de velours d'un théâtre étranger, dont elle se donne l'air de comprendre la langue, et que le peuple ne fréquente pas parce qu'il ne le peut pas, et que d'ailleurs il n'aurait aucune leçon à y recueillir, aucun plaisir à y prendre. Rien ne serait donc plus juste que de supprimer la subvention du théâtre Italien; toutefois, comme nous voulons liberté pleine et entière pour nous et pour tout le monde, nous verrons avec plaisir des Italiens, des Anglais, des Allemands, des Espagnols, des Chinois même, venir exercer leur industrie parmi nous; mais nous voulons égalité parfaite pour eux, comme pour nous. Si nos entreprises théâtrales sont soumises à des règlements et à des ordonnances de police, nous voulons que les leurs y soient soumises également; si les nôtres sont contraints de fonctionner l'été comme l'hiver, il faut que les leurs fonctionnent de même. La justice avant tout et pour tous.

Le gouvernement peut donc, disons plus, le gouvernement doit supprimer la subvention du théâtre Italien; cette économie facilitera au ministre de l'intérieur les moyens de protéger plus efficacement l'art théâtral français qui en a tant besoin.

OPÉRA [1].

L'Opéra est subventionné, et fortement subventionné. Cela se concevait sous le despotisme d'un seul homme; mais aujourd'hui que nous

[1] RINUCCINI (Octavio), poète italien de Florence, qui vint en France à la suite de Marie de Médicis, est l'inventeur des *opéras;* c'est-à-dire, de l'art qui consiste à mettre en musique les comédies, les tragédies et les autres pièces dramatiques. D'autres écrivains attribuent cette invention à un gentilhomme romain, nommé *Emilio del Cavalero*, qui avait donné un opéra

vivons sous un gouvernement constitutionnel, c'est plus qu'absurde. Partout où l'état se personnifie dans l'individualité et la majesté royale, il est évident que la *grandeur* du pays ne peut se mesurer que sur le faste et l'opulence. Ainsi, que le czar de toutes les Russies, l'empereur d'Allemagne et le roi de Prusse subventionnent leurs théâtres royaux ou impériaux, et fassent danser, chanter et déclamer les artistes étrangers en les comblant de richesses, libre à eux; s'ils n'en agissaient pas ainsi, l'opulence, qui

dès 1590. Quoi qu'il en soit, toute l'Italie applaudit à trois pièces de Rinuccini : *Daphné*, *Eurydice* et *Ariadne*. Celui-ci attira à Florence les plus excellents musiciens de l'Italie, et n'épargna rien pour que les machines et les autres décorations du théâtre fussent dignes de la capitale de la Toscane. Octavio n'était pas moins bon poète qu'excellent machiniste.

Du reste, quel que soit l'inventeur de l'opéra, on ne peut s'empêcher d'y voir une anomalie qui viole toutes les règles du bon sens et celles de la nature. Comment ne pas sourire de pitié en entendant le héros, l'amoureux, la veuve et l'orphelin, s'époumonner à crier sur la gamme, l'un ses hauts faits, l'autre son amoureuse flamme, celle-ci sa douleur, et cet autre son isolement sur la terre? Tout ceci n'est-il pas ridicule, pitoyable? C'est un art de convention, soit; mais usons-en modérément, comme de toutes choses, et il n'y aura rien à dire.

seule donne de la valeur aux grands, ne pourrait se produire au grand jour artificiel des
théâtres, ce qui ôterait peut-être à ceux-ci
quelque peu de leur prestige, et, par suite, de
leur ascendant sur les petits.

Mais nous, qu'avons-nous besoin d'un si grand
étalage de luxe? Ne savons-nous pas ce que nous
valons? Est-ce pour éblouir les puissances étran-
gères? Allons donc! Pense-t-on que les étrangers se basent sur la magnificence de notre
opéra pour apprécier notre richesse, notre
force et notre grandeur? Non; la richesse d'un
peuple libre se calcule et se base sur le sol et
sur l'activité et l'extension de son commerce,
de son industrie et de son agriculture; sa grandeur, sur son patriotisme et sur ses actions hé-
roïques et généreuses; sa force, sur l'union,
l'énergie morale et la liberté de tous.

Eh! mon Dieu, vous aviez sous Louis XIV,
sous Louis XV et même sous Louis XVI, l'o-
péra le mieux monté, le plus magnifique des
quatre parties du monde. Eh! bien, le peuple
était-il grand? Non; il ne pouvait pas l'être,
puisqu'il n'était pas libre.

Était-il fort? Non; il ne pouvait pas l'être,
puisqu'il était isolé, désuni et courbé sous le
joug.

Était-il riche? Non ; il ne pouvait pas l'être, puisqu'il était voué à l'ignorance, au monopole et à l'incapacité.

Ce n'est donc pas le faste et le luxe qui prouvent la grandeur des nations libres. L'Opéra français peut donc très bien être classé dans le rang de tous les théâtres non subventionnés, sans que cela nuise le moins du monde à notre considération nationale.

Mais enfin, pour ne pas trop heurter les opinions vieilles et surannées de beaucoup de personnes honorables, accordons volontiers, pour le moment, un privilège exclusif pour l'Opéra. Mais en ce qui touche la subvention, ne soyons pas si faciles, par la raison fort simple qu'elle est puisée dans nos poches, et que là, comme pour le théâtre Italien, ce n'est pas la majorité qui jouit des avantages, mais seulement la classe privilégiée.

C'est donc à cette classe qu'il faudrait faire supporter les frais de la subvention.

THÉATRE - FRANÇAIS.

La subvention accordée au Théâtre-Français a-t-elle atteint son but? Nullement. Le ministre a voulu, disait-il, *donner les moyens aux sociétaires de la Comédie-Française de se recruter d'artistes distingués, en les payant selon leur mérite.* Quels sont les artistes que ces Messieurs ont appelés dans leur sein? Deux ou trois, et encore les ont-ils annihilés en les laissant de côté aussitôt qu'ils les ont eus. Et comment les paient-ils? Fort mal, parce qu'ils sont relégués aux derniers rangs.

Les prétentions exagérées d'une débutante, qui au troisième début pouvait être engagée aux appointements de dix mille francs, ce qui déjà eût été fort beau pour une commençante, devinrent plus exagérées encore à mesure que ses succès avaient du retentissement, et la subvention venant en aide aux sociétaires, on ne balança pas à lui donner plus que ne touchent trois généraux de division ensemble.

Il en résulte que lorsque ce phénix ne joue pas, la salle est vide, et que tout par conséquent repose sur un seul sujet; de sorte qu'un enrouement, une maladie ou une absence peuvent causer la ruine du théâtre.

Les artistes extraordinaires sont des phénomènes rares, et qui excitent avec raison l'enthousiasme et l'admiration; mais il est malheureusement trop vrai que ces astres brillants, après leur disparution, nous plongent dans les plus profondes ténèbres.

Talma a tué le genre tragique; après lui, on ne pouvait plus assister à aucune tragédie.

Mademoiselle Taglioni a tué la chorégraphie et la danse; après elle, on ne voulut plus de ballet ni de pantomime.

Qui sait ce que deviendra la comédie, après mademoiselle Mars?

Que faire à cela? Faut-il donc exclure du temple les prêtres et les prêtresses qui le desservent le mieux? Non certes; mais il ne faut pas les payer au-delà de toutes proportions, et surtout ne pas négliger le reste de la troupe, en s'appuyant sur cette idée : que le succès dépend seul de l'artiste émérite.

Le ministre a voulu encore *faciliter aux sociétaires les moyens de faire représenter les pièces de l'ancien repertoire, afin de conserver les bonnes œuvres et les bonnes traditions.*

On représente bien l'ancien répertoire; mais on n'avait pas besoin de donner une subvention pour cela; la paresse et l'intérêt des sociétaires les eussent poussés à le faire. Quant aux bonnes traditions, qui donc nous les a conservées et nous les transmet aujourd'hui ?

On a voulu également protéger les auteurs et
les engager à écrire pour l'art.

Quels sont les auteurs assez dépourvus de
tact et de raison qui s'avisent de s'escrimer des
mois et des années entières pour enfanter une
œuvre raisonnable, écrite en vers et en bon
français, quand la préférence est presque toujours accordée à la prose, à la déraison et au
style ampoulé et incorrect? Quels sont les ouvrages, représentés au Théâtre-Français, qui
l'emportent sur ceux que représentent les autres
théâtres? Quelques-uns seulement; mais le
reste n'égale pas même ceux que nous voyons
tous les jours sur nos théâtres secondaires. Le
but est donc manqué; la subvention n'a donc
rien produit de bien, rien enfanté de bon. Supprimez la subvention, et permettez la concurrence, et vous verrez qu'il naîtra bientôt des
auteurs qui ne craindront pas de travailler leurs
ouvrages, s'ils sont sûrs d'être représentés avant
leur mort. Fixez plutôt une prime, et accordez-
la à l'auteur ou aux auteurs d'œuvres vraiment
littéraires, et vous atteindrez le but.

OPÉRA-COMIQUE.

L'Opéra-Comique touche aussi une subvention, et nous avons cherché vainement à en

découvrir le motif. Nous avons bien entendu dire que l'Opéra-Comique était, et est encore national; que toutes les classes de la société aiment l'Opéra-Comique; mais toutes ces raisons-là ne sont-elles pas, au contraire, la preuve qu'il ne faut pas de subvention? Quoi! vous avez un genre de spectacle qui plaît à tout le monde, vous donnez un privilège exclusif à une administration seule et unique pour exploiter ce genre que tout le monde aime, et vous ajoutez une subvention à ce privilège!

COMPOSITEURS DE MUSIQUE.

Est-ce pour protéger et faire propager le goût de la musique? Laissez faire les musiciens et les compositeurs, ils sauront bien se produire. Ne sont-ils pas partout : ne les voit-on pas régner et s'escrimer à qui mieux mieux, dans les théâtres, dans les concerts, dans les bals, dans les salons? N'écrivent-ils pas dans les journaux pour se louer eux-mêmes? Ne sont-ils pas auteurs de la parole et de la musique des mille et une romances qu'ils chantent en tous lieux? Ne sont-ils pas auteurs dramatiques, feuilletonnistes, et voire même pamphlétaires? Tout le monde sait qu'ils sont universels, et que sans

eux la civilisation ne marcherait pas. D'un autre
côté, la musique n'a-t-elle pas le type certain,
le seul type qui fasse reconnaître nos dandys à
à gants blancs, jaunes ou noirs? Et comme tous
nos jeunes élégants veulent être dandys, fas-
hionables, dilettanti, jeune France, moyen
âge, ou je ne sais quoi encore; tous les spéculateurs de la capitale et des départements, doués
d'un coup-d'œil juste, n'ont-ils pas basé leurs
spéculations sur la musique, ce dieu du jour?
Ainsi, vous voyez bien que ce n'était pas assez
du Conservatoire, qui lance quelques centaines
de virtuoses tous les six mois sur la place, sans
compter les milliers de professeurs qu'il a fabri-
qués, qu'il fabrique encore et qui pullulent à
Paris, comme dans tous les départements. Voici
venir un petit accroissement qui ne peut manquer d'avoir l'heureux résultat de faire chanter
tout le monde.

Ah! si le cardinal Mazarin existait encore,
c'est surtout aujourd'hui qu'il pourrait dire avec
raison : *Ils chantent, ils paieront!* car on n'a
jamais tant chanté ni plus payé qu'en ce moment.

A Paris, l'enseignement du chant a lieu
dans cinquante-deux écoles mutuelles, dans
vingt-une écoles simultanées dirigées *par les*

Frères de la doctrine chrétienne, et dans douze classes du soir pour les adultes hommes; en un mot, mille enfants et plus de quinze cents hommes se livrent à cette étude spéciale dans les différents établissements communaux de la capitale. D'un autre côté, M. Sudre, inventeur de la langue musicale, vient d'obtenir de la Société libre des Beaux-Arts une médaille en argent (pourquoi donc pas en or?) *pour prix de son invention, de son admirable invention,* qui va vulgariser l'art du chant et le mettre à la portée de tous les larynx et de toutes les intelligences.

Mais il y a plus encore. Le continent étant devenu trop étroit pour les évolutions mélodiques des musiciens français, ces messieurs viennent de se lancer d'un seul bond sur un autre élément : le génie musical a découvert tout récemment une nouvelle mine à exploiter, et il s'est mis à l'œuvre aussitôt. Voici donc venir (admirable idée!) voici venir des concerts nautiques. Oh! l'heureuse invention que celle-là! Des concerts nautiques! Orphée lui-même n'aurait pas mieux trouvé, lui qui pourtant est descendu la lyre à la main jusqu'au fond des enfers!

Toujours est-il que déjà plusieurs entrepre-

3

neurs se disposent à exploiter la partie de la
Seine qui s'étend depuis le Pont-Royal jusqu'aux Invalides; le concert aura lieu sur un
immense bateau, décoré avec beaucoup d'élé-
gance et pouvant contenir mille personnes. Le
tout sera remorqué par un superbe bateau à
vapeur représentant un énorme cornet à piston.
Pour un franc, on aura droit à trois tours de
promenade dans le bassin et à tout le carillon
que pourront faire cent instruments à vent. Ce
ne sera pas cher. On ne connaît pas encore, que
je sache, le *Musard* qui dirigera la partie instrumentale de cette entreprise.

En attendant, messieurs les compositeurs et
artistes de musique ont suivi la marche de la
société des jésuites; comme cette société, ils
ont pénétré partout. Depuis les *écoles des Frères
de la doctrine chrétienne* jusqu'aux festivals
des ondes, a-t on rien vu de plus adroit et de
plus insinuant que cette nouvelle société? Ne
marche-t-elle pas de manière à tout envahir?
Déjà la musique est comme la muscade, on
en a mis partout; cependant on finira bien un
jour par s'en lasser. La mode est inconstante,
en fait d'art, comme en toutes choses, c'est une
roue qui tourne toujours sur elle-même. Nos
élégantes ne se parent-elles pas aujourd'hui des

étoffes que nos vieilles grand'mères portaient si burlesquement, il y a plus de soixante ans? Lors donc que la musique nous aura bien sorti de tous les pores, il faudra chercher autre chose pour nous désennuyer, et alors on ne chantera plus. Ah! si on ne payait plus aussi! Qui sait? viendra peut-être un jour où tout cela arrivera; mais, en attendant, suivons le torrent, chantons et payons comme tout ce bon peuple de France, qui n'est encore las ni de payer ni de chanter.

Cet engouement pour la musique est bien aussi une des causes qui font que les théâtres sont déserts.

Aujourd'hui, le croque-notes, compositeur ou artiste s'estime au-dessus du savant le plus érudit, du poète le plus célèbre, de l'orateur le plus sublime. Écoutez un compositeur de musique, il vous dira que le poème d'un opéra ne fait rien à l'affaire, c'est la musique qui fait tout; donnez-lui un cadre, voilà tout ce qu'il lui faut. Ce cadre fût-il insignifiant et mal fait, peu lui importe; il s'en charge, pourvu qu'on puisse y placer un solo, un duo, un trio, un quatuor et quatre vers pour un morceau d'ensemble. Le reste le regarde et le succès est certain. Croyez-vous bonne-

ment qu'un musicien puisse se comparer à
un poëte et s'abaisser jamais à marcher son
égal ? Fi donc ! la musique est tout, la poésie
n'est rien. Le triomphe appartient seul de droit
au musicien qui ne veut devoir ses succès qu'à
lui seul : c'est ce qui fait que nos poèmes lyriques sont si nuls aujourd'hui. Si autrefois les
opéras - comiques étaient des petites comédies
qui auraient pu se passer de musique et réussir
même au Théâtre - Français, le compositeur
vous dira que tout cela était pitoyable, rococo,
etc., etc., etc.

Ces petits jésuites-là valent bien les autres,
et s'ils continuent à marcher ce train de poste,
la France ne sera bientôt plus qu'un vaste concert où nous verrons figurer pêle-mêle les dandys et les marchands de peaux de lapin, nos
élégantes et leurs cuisinières, les banquiers et
leurs coiffeurs, les pairs de France et leurs
portiers, les bourgeois et les chiffonniers ; enfin la musique sera comme l'amour et la crotte,
elle fera marcher tout le monde sur la pointe
du pied, et tout le monde y gagnera, parce que
les distances étant ainsi rapprochées, l'égalité
la plus parfaite régnera en tous lieux.

Il sera peut-être bien difficile de trouver dans
les quatre-vingt-six départements de France une

seule femme de ménage, car toutes les mères de famille nourriront leurs filles de gammes, de notes, de romances, d'airs variés et de partitions; toutes auront un piano, les portières de Paris n'en ont-elles pas déjà? Mais il n'en est pas moins vrai que tout cela sera divin. Rien égalera-t-il le bonheur d'un mari qui entendra sa femme *filer des sons* du matin jusqu'au soir? et puis son amour-propre ne sera-t-il pas bien flatté des applaudissements et des compliments de tous les pique-assiettes qui viendront manger sa soupe et qui ne manqueront pas d'élever son aimable moitié bien au-dessus des *Grisi* et des *Damoreau?* Ce bonheur et cette perspective ont bien des charmes puisque tout le monde court après et travaille en conséquence.

O musique! art sublime! que tu es appelée à de grandes choses!

Quant à moi, je l'avoue à ma honte, j'aimerai mieux et j'estimerai davantage une jeune personne, qui, étrangère au piano et à la musique, mais bien élevée d'ailleurs, connaîtrait parfaitement les détails du ménage et saurait remplir ses devoirs d'épouse et de mère. J'aimerais mieux voir les hommes plus mâles et moins damerets, parce qu'avec des hommes on fait une belle et grande nation, tandis qu'avec des damerets on ne fait que des sots et des poltrons. Mais moi je fais partie de la minorité, et je suis trop constitutionnel pour ne pas avaler tout ce qu'avale la majorité; je m'y soumets donc, mais comme la Charte ne me défend pas de me boucher les oreilles, j'use de mon droit et je me tais.

Il me semble déjà entendre crier de toutes parts :

Cet homme assurément n'aime pas la musique !

Eh bien ! non, je n'aime pas les choses poussées à l'excès, j'ai horreur des engouements quels qu'ils soient, parce que le ridicule est toujours au bout.

Je n'ai jamais vu la giraffe, je n'ai jamais roulé dans les chars des montagnes russes, je fais ma barbe au menton, je n'ai pas de morceau de verre collé sur l'œil, ni de moustaches, ni de royale dessus et dessous mes lèvres, et je ne m'en trouve pas plus mal pour cela. Cependant je dois me hâter de dire que si j'ai parlé de tout en général, je reconnais parfaitement qu'il y a d'heureuses exceptions en faveur des musiciens et des compositeurs de musique; c'est pourquoi je ne puis résister au désir de

transcrire et de faire connaître ici l'opinion
d'un compositeur tout à fait étranger, à ce que
je crois, aux vanités et à la sottise des autres.
Voici ce que disait, en 1834, M. Henri Blan-
chard.

« Rien ne me paraît mieux rappeler l'ennui,
« la boursoufflure et la molle platitude dites
« classiques, que le style musical qui est ac-
« tuellement en vogue. C'est bien la même
« universalité de ton, les éternelles cantilènes,
« la même structure harmonique appliquée à
« tout, la même pauvreté d'imagination. On
« dit : Pour faire une tragédie classique, pre-
« nez un héros, un confident, une victime,
« un vieux tyran ; mettez le tout ensemble, et
« servez chaud.

« Je dis, moi : Pour faire un opéra *seria* ou
« *semi-seria*, comme tant de nos messieurs en
« renom, prenez un *ténor*, un *soprano* mâle ou
« femelle, un *contralto* et une *basse*; faites
« pour les deux premiers un *adagio*, un *alle-*
« *gro* et une *stretta* que chacun répétera huit
« fois ; mettez les quatre parties dans un im-
« mense final commençant par un accompa-
« gnement obligé, sur une façon de récitatif;
« arrivez à un morceau lent dans un ton ma-
« jeur; finissez par une *stretta* à quatre temps

« vivement rhithmée ; faites chanter là-dessus
« les héros de toutes les parties du monde
« connu, et votre affaire est sûre.

« Et de cette malheureuse musique sont nés
« trois inconvénients ; ces trois inconvénients
« les voici : les variations, les pianistes, les
« romances. Je place les pianistes au milieu,
« parce que ce sont les pianistes qui font les
« variations et que ce sont les pianistes encore
« qui font les romances. D'où il suit que les
« pianistes sont les plus grands des trois incon-
« vénients de la musique actuelle. Les pianistes,
« qui forment la classe la plus nombreuse des
« musiciens, puisque le piano est aussi répan-
« du aujourd'hui que les magasins à deux sous,
« passent leur vie à étendre économiquement
« une douzaine d'idées, comme on étend de l'or
« en feuilles.

« La musique *ne cherche donc plus à peindre*
« *les différentes sensations de l'âme, elle s'a-*
« *dresse à l'oreille toute seule*, et les instrumen-
« tistes modernes ont singulièrement renchéri
« sur cette mauvaise disposition de l'art. A
« entendre la grêle de notes, les immenses
« fusées de doubles croches qui parcourent le
« haut et le bas des instruments, on ne peut
« disconvenir que cette musique ne s'adresse à

« des gens blâsés et dont l'âme et les sens sont
« complètement raccornis. Je ne sais quelle est
« la musique des Turcs, mais je m'imagine que
« celle dont il est ici question serait merveil-
« leusement propre à réveiller de sa léthargie
« quelque lourd pacha étendu sur ses coussins
« de soie. Les extrémités se touchent en ce
« pays-ci, et à côté de cette profusion stérile,
« de cette vivacité saltimbanque de la musique
« instrumentale, nous avons la fade nullité de
« la romance, dont la production et la con-
« sommation sont telles, qu'elle est devenue
« l'aliment nécessaire, la manne de notre so-
« ciété. Disons de la romance ce qu'on disait
« en 1820 de M. P......., et appelons-la l'iné-
« vitable. La romance a un tort plus grave que
« l'ennui qu'elle nous procure, elle a perdu
« des artistes d'un vrai mérite qui ont vu s'é-
« teindre dans les limites du flon-flon un génie
« qui promettait à l'art de plus dignes produc-
« tions. Je ne saurais donc trop m'élever contre
« deux choses également fausses et nuisibles,
« les variations et les romances. Je recommande
« aussi à messieurs les pianistes de se laisser
« moins entraîner par l'esprit de la mode, de ne
« pas sacrifier l'art aux applaudissements d'un
« auditoire qui vient là, non pour trouver des

« sympathies, mais pour faciliter le travail de
« la digestion. Ces gens-là prennent la musique
« comme ils prennent leur café. Un peu moins
« d'argent donc, messieurs les musiciens, et
« un peu plus de gloire ; ne cherchez pas beau-
« coup de l'un et beaucoup de l'autre. On a
« beau dire, il faut opter. »

Tout cela nous conduit naturellement à penser que la subvention accordée à l'Opéra-Comique n'a servi jusqu'à ce jour, comme celle
du Théâtre-Français, qu'à payer grassement
les sommités au détriment des autres et à procurer au directeur de ce théâtre le doux plaisir
de ne rien faire du tout [1].

Mais, dira-t-on, qui donc alimentera les
théâtres des départements, si l'Opéra-Comique

[1] Une chose qui contribue aussi au peu d'empressement du public pour l'Opéra-Comique, c'est la magnificence de la salle. Il faut bien qu'une salle de spectacle
soit propre et fraîche ; mais il ne faut pas que ses do-
rures et ses enjolivements écrasent toutes les toilettes.
Comment une mère de famille y conduirait-elle ses enfants si, pour passer deux heures, tous doivent se parer
de leurs plus beaux atours ? C'est bien pour les gens
très-riches ; mais ceux qui ne le seront que médiocrement, aimeront mieux se passer de ce plaisir, que de se
constituer en folles dépenses.

n'est pas soutenu à Paris ? Qui ? lui-même si son genre plait, personne s'il ne plait pas. Et d'ailleurs, si les théâtres des départements tombent et meurent dans chaque localité, c'est bien précisément parce que l'impulsion donnée par Paris est arrivée jusque là, et que cet engouement factice et de *bon ton* fait aujourd'hui que partout on veut imiter le *bon ton* et l'engouement factice de la capitale. Nous prouverons, lorsque nous en serons aux théâtres des départements, que la musique est ce qui les a tués et les tuera tous jusqu'au dernier.

Revenons aux subventions, ce chapitre intarissable du grand livre des abus.

Sous le rapport de l'art, les subventions sont un très grand mal. En effet, quels sont les théâtres qui font le moins d'efforts et qui languissent le plus? Ce sont précisément les théâtres subventionnés. C'est tout simple; la subvention accordée à chacun, payant une grande partie des frais, les directeurs n'ont plus aucune inquiétude sur l'avenir; il leur reste si peu de chose à faire pour arriver *à joindre les deux bouts.*

Dans les temps où l'on s'occupait un peu des arts en France, parce qu'on ne pouvait pas s'occuper d'autre chose, l'Académie de mu-

sique était le premier théâtre du monde. Les
souverains de l'Europe se tenaient pour fort
honorés, lorsque notre opéra voulait bien permettre à quelques-uns de ses sujets d'aller de
temps à autres, émerveiller les peuples nos voisins. Les anglais passaient la Manche, et les
grands personnages de Russie, de Prusse et
d'Allemagne accouraient à Paris, pour assister
à la première représentation d'un ballet ou d'un
grand opéra; pourquoi cela? parce qu'alors
qu'il n'y avait liberté pour personne, les priviléges étaient en harmonie avec l'époque, et
que la subvention atteignait le but : La magnificence.

Aujourd'hui que tout est changé, laisser
subsister les subventions quand elles ne viennent
plus qu'au secours de l'industrialisme, ce n'est
plus l'art qu'on encourage; c'est la spéculation.

Voltaire disait en parlant de l'Opéra d'alors :

« Il faut se rendre à ce palais magique,
« Où les beaux vers, la danse, la musique,
« L'art de charmer les yeux par les couleurs,
« L'art plus heureux de séduire les cœurs,
« De cent plaisirs nouveaux font un plaisir unique ! »

Où est donc la magie de l'Opéra actuel? Dans
quel libretto nouveau avez-vous rencontré de

beaux vers? Que sont devenues la danse si pas-
sionnée, si voluptueuse dans les femmes, si vive,
si vigoureuse dans les hommes? La chorégraphie, dessinant ses ravissants tableaux? La pantomime si expressive et si saisissante [1]? Tout

---

[1] Pylade, fameux mime ou pantomime de Gelini, parut à Rome du temps d'Auguste. Ce fut lui qui inventa une danse où, par des gestes ingénieux, et par les divers mouvements du corps, des doigts et des yeux, les acteurs exprimaient admirablement, sans parler, les sujets comiques ou satyriques. Pylade excellait encore dans les sujets tragiques, graves et sérieux. Il s'éleva un jour entre lui et Hyllus, son disciple, une dispute en présence du peuple romain, pour savoir qui des deux représenterait mieux *la grandeur d'Agamemnon.* L'élève exprima cette *grandeur* en s'élevant sur ses pieds; mais Pylade lui cria: « Tu te fais long et non pas grand. » Pour lui, il représenta Agamemnon sous les véritables traits de la grandeur et de l'héroïsme.

Cet art, qu'on a tourné en ridicule, est cependant puisé dans la nature. Les sourds-muets ne parlent que par le geste; et il y a bien quelque chose d'attrayant dans ces drames mimés que chaque spectateur explique et fait à sa manière. C'est une préoccupation d'esprit qu'on a tort de ne plus donner au public. Qu'on ne s'y trompe pas, l'artiste mime a bien aussi son mérite : Mme Talma s'est fait une grande réputation en jouant le jeune muet de la pièce intitulée : *l'Abbé de l'Épée.*

Aujourd'hui, nos artistes dramatiques ne sont pas

cela n'existe plus; les écoles de danse ont disparu et avec elle les chorégraphes et les mimes. Notre opéra n'est donc aujourd'hui qu'une pâle copie de celui d'autrefois.

Qu'y voit-on en effet, d'extraordinaire, de gracieux et d'attachant? Rien, absolument rien. Le Cirque Olympique, lui qui n'est pas subventionné, nous offre souvent un spectacle plus grand, plus magnifique que tout ce qu'on a vu à l'Opéra depuis quinze ans. Pourquoi donc une subvention pour arriver à un semblable résultat? Pourquoi la continuerait-on, puisqu'il est évident qu'elle est un obstacle au progrès de l'art?

Voyez l'Opéra-Comique, autre théâtre subventionné, sortant de sa spécialité pour se jeter dans tous les genres, hors le sien, ne se trouvant bien nulle part : traînant son malaise, de la rue Feydeau à la salle Ventadour, de la salle Ventadour à la Bourse et de la Bourse aux Italiens. Voyez les artistes de ce théâtre, formant

très forts dans les scènes muettes; cependant on ne parle pas toujours, et c'est bien encore un grand art que celui d'écouter et de reproduire, sans rien dire, les sensations qu'on éprouve en écoutant.

société entre eux, puis réclamant un directeur, puis n'en voulant plus et en réclamant un autre encore. Voyez tout cela dans l'impossibilité de prospérer avec une subvention et laissant l'art tout-à-fait de côté.

Voyez le Théâtre Français, tel qu'il existe aujourd'hui, et osez dire que la subvention est un bien.

Les subventions ne produisent qu'une chose, c'est, comme je l'ai déjà dit, de donner les moyens aux directeurs des théâtres subventionnés, d'enlever les artistes des autres théâtres en les payant fort cher. C'est ainsi que le taux des appointements s'est élevé si haut, qu'aujourd'hui un comédien est plus rétribué que ne le sont ensemble dix préfets de départements.

Encore, si les artistes, enlevés aux théâtres secondaires, étaient destinés à soutenir l'art qui tombe, il y aurait là compensation; mais point: ces artistes une fois arrivés, sont relégués dans le coin le plus obscur, et tel, dont la renommée fut grande aux boulevards ou ailleurs, n'a pu trouver moyen de se faire jour; et l'oubli le plus profond l'a enseveli pour jamais. Une des causes, donc, de la décadence des théâtres, c'est la subvention accordée à quelques-uns au préjudice des autres.

Mais si les directeurs subventionnés ne font rien pour l'art, précisément à cause de leurs subventions, ceux qui ne sont que privilégiés, font-ils mieux ? C'est ce que nous allons voir.

Des Directeurs privilégiés sans subvention.

—

Un directeur de théâtre est un petit roitelet; mais un roitelet tout puissant qui règne et gouverne aussi despotiquement *sur* son peuple d'artistes, que le Czar de toutes les Russies, sur ses cosaques du Don et sur ses moscovites esclaves.

Ce point bien établi, nous allons faire connaître les moyens employés par les directeurs, pour faire mouvoir leurs machines. Mais, d'abord, disons que depuis assez long-temps, chaque administration théâtrale, a son actrice et son acteur de prédilection. Tous les directeurs, ou presque tous, suivent le même système à cet égard; c'est bien là le vice le plus grand et la marche la plus funeste à la prospérité des théâtres. Il en résulte que les auteurs ne travaillent que pour les premiers sujets en réputation : ils font des ouvrages pour l'artiste et jamais pour l'art; sacrifiant au rôle principal, leurs œuvres sont dépourvues d'action, d'intérêt, de sens, de goût et de raison; partant, point de pièce.

4

Les directeurs ne visent plus qu'à un seul but, c'est celui de faire mousser leurs premiers sujets en reliefs, *pour attirer la foule*; aussi, les font-ils applaudir à tous propos, par leurs claqueurs à gage, et porter aux nues, tous les matins, par les journalistes complaisants qui leur sont dévoués. Le bon public parisien et autre, dont les opinions sont presque toujours celles qu'on lui dicte, accourt voir ses merveilles, sans se douter le moins du monde qu'il est pris pour dupe. Mais où tout cela conduit-il? A l'anéantissement total de l'art dramatique. Que deviennent les directeurs lorsqu'ils sont privés de leurs premiers sujets, soit par accident, soit par des congés, soit par des retraites? Ils se trouvent tout-à-fait dans l'isolement; leur répertoire ne vaut plus rien; le charme est détruit, l'astre qui brillait au rang suprême n'est plus. Aussi que de pièces dont les grands succès n'ont été obtenus que de cette manière, sont allées tomber dans les départements au bruit des huées et des sifflets. On ne se rend plus maintenant au théâtre pour y apprécier une œuvre dramatique; mais bien pour y jouir de la belle voix de tel chanteur, des lazzis de tel bouffon ou des avantages physiques de telle jeune amoureuse. Mais le mérite seul ne suffit pas à un artiste, pour qu'il obtienne les suffrages du public et les éloges des journalistes. Le mérite ne fait rien du tout dans cette affaire; il faut, avant toute chose, que cet artiste plaise à son directeur et que celui-ci ait besoin de lui; car la bonne ou la mauvaise réputation d'un artiste est toute entière entre les mains du directeur : lui seul en dispose à son gré, lui seul fait ou défait les succès selon qu'il y est plus ou moins intéressé. Le public et certains journalistes ne sont que des machines qui n'exécutent leurs mouvements qu'au commandement du directeur. Cela est incroyable, et pourtant rien n'est plus vrai : quelques explications suffiront à la démonstration de ce fait. Les directeurs, pour arriver à ce point de suprématie sur les journalistes, se sont fait ce raisonnement fort simple.

L'empire le plus grand, le plus puissant, celui devant lequel tout s'incline et tout fléchit, c'est, sans contre dit, la presse : son action est immense, sa force incommensurable, son pouvoir au-dessus de tous les pouvoirs. Eh bien! nous, qui comprenons l'influence des journaux, nous devons suivre l'impulsion et l'exemple que vous donne le gouvernement, et plus heureux que les ministres passés, présents et probablement futurs, il faut nous attacher à nous con-

cilier les suffrages de tous : *légitimistes, répu-
blicains, tiers-parti, juste-milieu, doctrinaires ou
autres,* tous, ou presque tous, nous serons dévoués. Les uns par complaisance, absorbés qu'ils
sont dans les grandes affaires d'état, les autres
par les moyens connus : des loges, des entrées
et autres privilèges qui chatouillent l'amour
propre et réveillent la curiosité. Cela dit et bien
pensé, on se mit en campagne et le succès ne
se fit pas attendre long-temps. Quelques journaux se laissèrent prendre à ces avances, et la
réclame que vous lisez tous les jours dans certaines feuilles quotidiennes, devint un des pi--
liers les plus éprouvés de l'édifice théâtral. Alors,
les directeurs ont pu fonctionner librement sans
craindre la censure ni le blâme, alors, on s'oc-
cupa des succès et des chutes, et, comme les directeurs ont entre les mains la distribution de
billets de faveur, des marchés furent passés avec
des *entrepreneurs ;* marchés honteux, qui donnent pour juges aux auteurs et aux artistes un
bataillon de forts à bras, choisis dans la partie
la moins lettrée du peuple, et dont la mission
consiste à étourdir les spectateurs payants.

Si les directeurs tirent quelquefois un lucre
de ces marchés, ils en sont fort souvent victi-
mes, comme on va le voir.

Le commandant de cette troupe, bien disci-
plinée, prend le titre de *chef de claques*. Pour
arriver à cette *haute dignité*, il faut, comme
pour tous les honneurs lucratifs de ce monde,
beaucoup d'argent. Le *chef de claques* de l'Opéra,
par exemple, n'a pas payé moins de 80,000 fr.
le droit d'exercer *sa charge*. Ainsi des autres,
selon l'importance des théâtres qu'ils *soutiennent*.
Rien n'est plus simple que la combinaison par
laquelle ils rentrent dans leurs avances de fonds :
d'abord, il faut savoir que cette *charge* se vend
comme celle d'un agent de change ou d'un notaire. Il ne reste donc plus qu'à retirer *l'intérêt*
du capital, représenté par la charge elle-même.
Cet intérêt se trouve ainsi : le directeur accorde
au contractant un nombre de billets à toutes
places, proportionnellement à l'importance de
la somme donnée. Ce nombre de billets est aug-
menté tous les jours de grandes solennités, telles que premières représentations, ou représentations extraordinaires. Le *chef de claques* a le
droit, en outre, d'acheter, de l'administration,
des billets d'avance, aux prix ordinaires, avec
autorisation de les vendre à la porte le double
de leur valeur et à son profit. Ce petit trafic ne
laisse pas que d'être fort lucratif; car, dans les
moments de foule, beaucoup de personnes ai-

ment mieux payer un peu plus cher que de faire
la queue pendant des heures entières.

Si le *chef* de *claques* a pour mission de *soutenir* l'administration, conformément à son traité
avec elle, il est tout-à-fait indépendant vis-à-vis
des artistes, des auteurs, des compositeurs et
des débutants; il a donc encore, de ce côté, de
quoi se payer de *ses travaux*. Comme il est d'usage, dans chaque théâtre, d'accorder à chaque
artiste un nombre de places, selon le rang qu'il
occupe, ces places sont données toutes ou partie au *chef de claques* qui, sans cela, ne ferait pas
applaudir les artistes récalcitrants. Ceux de ces
messieurs qui veulent être salués à leur entrée
et à leur sortie, paient, en outre, tant par mois
pour se voir distinguer des autres. Les débutants,
non seulement donnent au *chef de claques* toutes les entrées que l'administration leur accorde
toujours, mais, s'ils tiennent à un beau succès,
ils y ajoutent de l'argent comptant et des cadeaux. Il en est de même des auteurs et des compositeurs.

On peut juger par là de l'importance des *charges de chefs de claques*, sous le rapport des bénéces qu'en retirent ces messieurs. Mais on voit
aussi que ce rouage, établi par les directeurs,
ne peut conduire le mécanisme administratif

des théâtres qu'à une catastrophe inévitable dans laquelle l'art sera fatalement enveloppé.

De la manière dont ces choses sont organisées, comment un mauvais ouvrage, un mauvais artiste peuvent-ils tomber ? Il est bien rare aujourd'hui de voir disparaître de l'affiche, une mauvaise pièce le lendemain de sa première représentation. Les études, les frais sont faits, il faut que les représentations marchent à tous prix. Les *claqueurs*, dans la salle, et les *réclames* dans les journaux, attesteront au besoin les beautés de l'ouvrage insignifiant et ennuyeux, le public s'y laissera prendre pendant quelques jours; c'est tout ce que demande le directeur.

N'est-ce pas là encore une des causes de la décadence des théâtres ?

Il ne faut pas croire que les *chefs de claques* seraient en perte si l'administration *qu'ils soignent* cessait de prospérer. Il n'en est rien. Il est bien vrai qu'ils profitent des moments de foule et de succès, quand il y en a, mais ils gagnent encore plus, *lorsque le théâtre fait de mauvaises affaires*. On va voir que les *claqueurs* peuvent être comparés, sous tous les rapports, aux pompes funèbres, et que, comme elles, ils ne *vivent qu'à force de trépas*. Les recettes des théâtres ne balancent-elles plus les dépenses? La caisse est-elle vide? Le directeur a sous la main de quoi se tirer momentanément d'embarras : il s'adresse à *son chef de claques*, il lui emprunte 20 ou 30,000 francs, dont il va payer le capital et les intérêts en billets à toutes places, que le prêteur fera vendre à son profit. Vous me prêtez, lui dit le directeur, une somme de 30,000 francs, je vous donne pour cela 200 francs d'entrées par jour, que vous aurez pendant un an ; trois-cent-soixante-cinq jours feront 73,000 francs. En supposant que vous perdiez 13,000 francs sur la vente des billets, il vous restera 60,000 francs, juste le double de la somme que vous m'aurez donnée. Vous voyez que le capital et les intérêts seront bien payés au bout de l'année.

Ces marchés-là ne sont pas si rares qu'on pourrait le supposer ; et voyez où les administrations théâtrales sont entraînées par ces opérations désastreuses! Joignez à cela les billets d'auteurs, ceux à demi-places, que les administrateurs besogneux font vendre de tous côtés, et vous vous expliquerez facilement le nombre prodigieux de billets qui se colportent sur toutes les places publiques, chez presque tous les coiffeurs de la capitale, dans certains cafés, dans les boutiques des passages du Caire et autres, etc.

Le brocantage de ces billets est bien ce qu'on a pu faire de plus funeste contre la prospérité des théâtres. Les choses sont poussées si loin, que les vendeurs viennent exercer leur industrie jusqu'auprès des personnes qui *font queue* aux portes des salles de spectacles. C'est au point que, ceux qui veulent aller aux représentations théâtrales, peuvent se donner aujourd'hui ce plaisir, pour moins de moitié prix. Cette distribution de billets à bon marché, jointe à celles toutes gratuites qui se font journellement par les administrations, cause un si grand dédain pour le théâtre, que, si cela continue encore quelque temps, personne ne voudra plus y aller, même pour rien. Nous sommes si singuliers dans nos sympathies et dans nos antipathies, que nous ne trouvons réellement bon et beau que ce qui nous coûte quelques peines ou quelques sacrifices ; les plaisirs que nous pouvons nous procurer facilement n'ont plus d'attraits pour nous.

Voyez les fêtes extraordinaires données aux Champs-Élysées ; les personnes qui sont placées en dehors des barrières de l'enceinte, ne voient-elles pas aussi bien l'enlèvement d'un ballon, que celles qui paient pour être quelques centimètres plus en avant ?

Eh bien ! La foule des payants est grande, et leur plaisir bien plus vif, parce qu'ils paient. Au Jardin Turc, lorsqu'il y avait concert, le nombre des payants aurait été plus considérable que celui des passants, si l'emplacement l'avait permis ; cependant, ceux qui se promenaient en dehors du mur, entendaient aussi bien que ceux qui étaient dans l'intérieur. Mais les promeneurs ne jouissaient pas comme les autres, parce qu'ils ne payaient pas ; nous sommes ainsi faits.

Il faut bien remarquer que cet abus, que nous signalons, n'est pas encore assez connu de tout le monde, pour produire tout l'effet qu'on peut en attendre. Mais lorsque le public entier saura pertinemment qu'il peut aller au théâtre pour peu de chose, et même pour rien, en s'adressant plutôt à tel endroit qu'à tel autre, les directeurs pourront économiser les frais que leur occasionnent et les bureaux de location et ceux d'entrée ; car, il est évident que personne n'aura la sottise de s'y présenter pour payer plus cher. Après cela, comment voulez-vous que les théâtres prospèrent ?

Il y a pourtant des règlements et des ordonnances de police, qui interdisent la vente des billets de spectacles ; mais les fait-on exécuter ?

Non. La police et ses agents ont bien autre chose à surveiller en vérité.

Cependant, c'est encore là une plaie, et une plaie très dangereuse, qui ne touche pas directement à l'art, mais qui contribue de toute sa profondeur, sinon à la décadence, au moins à la défaveur où sont tombés les théâtres.

Pénétrons maintenant dans l'intérieur des administrations théâtrales.

L'organisation des administrations théâtrales est à peu près la même partout : un directeur, un régisseur, un sous-régisseur, un comité de lecture, un secrétaire. Le directeur est toujours censé maître, seul et unique maître ; et, quoiqu'il soit fort souvent influencé par ses alentours, il n'en assume pas moins toute la responsabilité. Aussi, pour que la machine roule sans encombre et que le peuple d'artistes et d'employés chemine droit, le directeur, assez souvent, fait Saint-Michel , et le régisseur le diable; de sorte que les sottises, les injustices et les bévues, deviennent le lot du dernier, et que tout le bien reste acquis au premier. Quoiqu'il en soit , tous les deux s'entendent à merveille pour la prospérité de la chose en général , sans pourtant que l'un ou l'autre oublie les avantages qu'il peut en retirer en particulier.

Sur la réputation bien ou mal acquise d'un acteur de province ou de Paris, un directeur a-t-il besoin d'engager ce phénix ? il faut absolument que ce premier sujet, largement rétribué, soit doué de toutes les qualités qui constituent l'artiste le plus parfait, le plus extraordinaire; car il est indispensable, pour le directeur, que les appointements exorbitants de ce nouveau dieu rapportent en proportion des sacrifices qu'il a occasionnés. Le seul moyen, pour cela, c'est de le faire applaudir avec enthousiasme, par les cabales de l'administration, et louer tous les matins par les écrivains complaisants.

Le bon public parisien ne manque pas de s'y laisser prendre encore; il accourt au théâtre, et, recevant pour argent comptant, et les éloges et les applaudissements, il dit et pense comme les journalistes et les claqueurs. Voilà pour l'art si commode de faire des succès.

Maintenant, voici le revers de la médaille : lorsque l'engagement de l'artiste, élevé jusqu'aux nues, touche à sa fin, malheur à lui, si le directeur n'est pas dans l'intention de le renouveler; car alors, il fait cesser les applaudissements et les éloges. Il fait plus encore, il lance dans *ses réclames quotidiennes*, quelques traits

malins contre l'infortuné : *ses moyens baissent,
son jeu devient trivial, ses manières communes;*
enfin, *il n'est plus ce qu'il était; son temps est
fini, etc.* L'affaire est donc bientôt faite. La perte
de sa réputation ne pèse pas une once, et un
autre phénix surgit aussitôt pour le remplacer.
On voit que messieurs les directeurs exploitent
les arts et les artistes absolument comme les
entrepreneurs de bâtiments exploitent les ma-
çons et les matériaux dont ils ont besoin pour
leurs constructions ; ceci s'applique plus particulièrement aux théâtres sans rivaux, tels que
l'Opéra, l'Opéra-Comique, le Théâtre-Français.
Quant aux autres, ils agissent tout différem-
ment.

Si un acteur ou une actrice se fait remarquer
sur une scène, c'est à qui, des directeurs, l'en-
lèvera à celui qui en profite momentanément.
Les sourires, les prévenances, les promesses
viennent assaillir l'artiste convoité, et celui-ci,
fier d'un mérite que tout le monde veut acheter
au prix de l'or, tient la dragée haute et ne
donne la préférence qu'à celui qui le rétribue
le plus largement. C'est ce qui fait que la troupe
d'un théâtre secondaire coûte au directeur plus
du double de ce qu'elle vaut. C'est bien déjà
là un funeste résultat, puisqu'il met l'adminis-

tration hors d'état de balancer ses recettes et ses dépenses; mais il en résulte encore une insubordination aussi funeste à la prospérité du théâtre. Les artistes, si enviés des autres directeurs, deviennent exigeants et volontaires : ils n'acceptent que les rôles qu'ils jugent favorables à leurs talents, et ils s'arrogent le droit de retrancher sans façon dans les œuvres dramatiques, non seulement ce qui les gêne, mais encore ce qui pourrait valoir quelques applaudissements à leurs camarades.

Si, dans leur ancien répertoire, ils ont produit quelqu'effet dans certaines tirades, ou dans certaines situations, ils exigent de l'auteur en répétition une imitation des ces situations et de ces tirades; c'est-à-dire, qu'ils travaillent de toute leur force à défigurer l'œuvre du poëte et à n'en faire plus qu'un cadre approprié à leurs moyens.

Si, au lieu de s'arracher les artistes, MM. les directeurs en formaient eux-mêmes, s'ils ne recevaient dans leur troupe que ceux qui, ayant bien rempli leurs engagements ailleurs, n'auraient cessé leur service que pour des causes légitimes; si, pour ne pas introduire une brebis galeuse dans leur bercail, MM. les directeurs poussaient leurs investigations partout où elles pourraient les renseigner efficacement ; s'ils repoussaient les artistes qui auraient failli d'une manière grave, ainsi que ceux qui auraient porté la perturbation dans les administrations dont ils faisaient ou feraient encore partie, le calme renaîtrait en tous lieux, la justice règnerait chez tous, et l'ordre ne serait jamais troublé nulle part. Voilà le remède le plus efficace que je puisse indiquer, convaincu que je suis qu'il donnerait les plus heureux résultats, s'il était appliqué franchement par tous et à tous.

Ce qu'on a lu plus haut, concernant les artistes à réputation, s'applique également aux auteurs à grands succès : ils sont choyés, caressés et provoqués par les directeurs comme les artistes en renom l'ont été ; chacun des directeurs, voulant avoir son succès de foule, recherche l'auteur qui en a déjà obtenu un. C'est à qui élèvera la prime le plus haut. L'auteur se laisse faire et travaille en conséquence ; mais il arrive, comme en toutes choses, que la chance n'est pas toujours heureuse, et tel auteur qui a réussi une, deux et trois fois même, ne fait rien de bon la quatrième. L'administration alors, en est donc pour son temps perdu, ses frais exagérés et ses travaux inutiles ; ce qui devait la sauver lui donne le coup de la mort, et les por-

tes du théâtre se ferment avec fracas sur cet
espoir mal fondé.

Cette manie de succès d'argent domine la
pensée de tous les directeurs; c'est un mal, un
très grand mal, car, en supposant même un succès, il n'est pas rare encore que ce succès ne
vienne aussi ruiner l'administration.

Car, pour y arriver, les directeurs des théâtres
secondaires, laissant de côté l'art et leur spécialité, ne s'occupent plus que des machines,
des décors et des costumes. Alors, un grand
luxe est déployé, il ne s'agit plus d'intéresser,
de toucher, d'émouvoir l'âme des spectateurs,
il faut, pour faire des recettes, fasciner les yeux
et assourdir les oreilles. L'ouvrage qu'on va
représenter n'a pas le sens commun; mais
les décors, les costumes et les machines, pro-
duiront le plus grand effet, et la foule accou-
rera.

Sous le rapport de l'art, ceci est désastreux,
sous celui même de la spéculation, c'est une
absurdité et une grande erreur. Faisons un petit calcul et nous verrons que la spéculation ne
peut pas être bonne, même en réussissant.

Supposons qu'on dépense 50,000 francs pour
monter l'œuvre en question ; (on en a dépensé

autant pour le *Sylphe d'or*, qui est tombé.)
ci. . . . . 50,000 fr.

Un mois avant la première représentation, les répétitions absorbant tout le temps des artistes, ils ne peuvent s'occuper que de la nouvelle pièce, et celles qui forment le répertoire courant sont tout-à-fait négligées. D'un autre côté, le public, alléché par l'annonce d'une nouvelle représentation, s'abstient pendant le mois, réservant sa dépense pour la nouveauté promise. Il y a donc perte pendant ce mois; cette perte est au moins de 500 fr. par jour, ci. 15,000

Les comparses, les figurants au cachet, qu'on est obligé de payer pendant les répétitions de la pièce, coûtent au moins 100 fr. par jour, ci 3,000

Pour les dernières répétitions, on est obligé de faire trois relâches, qui d'ailleurs sont rigoureusement nécessaires pour donner du relief au

A reporter. . . 68,000 fr.

5

Report. . . 68,000 fr.

nouveau chef-d'œuvre. Trois relâches forment la perte de trois jours
de frais ordinaires, à 1,000 par jour,
ci. 3,000

TOTAL des frais extraordinaires. . 71,000 fr.

En supposant que l'ouvrage obtienne du succès, il faut donc d'abord
prélever les vingt-huit premières
représentations que nous portons à
2,500 fr. l'une dans l'autre, ci. . 70,000 fr.

Reste à payer . . . 1,000 fr.

Voilà bien les frais extraordinaires payés après la vingt-huitième
représentation, moins 1,000 fr.;
mais à présent, il restera encore les
frais ordinaires qui se sont aug-
mentés de tous les accessoires, ceux
des comparses et des figurants sup-
plémentaires : ces frais qui, avant
la pièce à décors et costumes, n'é-
taient que de 1,000, fr., se sont élevés
à 1,100 fr. ; vingt-huit jours à
1,100, font encore. . . . . 30,800 fr.

Après la vingt-huitième représentation, les recettes qui s'étaient élevées à 2,500 francs, l'une dans l'autre, ne sont plus que de 2,000 fr., il faut donc encore quinze autres représentations pour couvrir les 31,800 fr., et il restera. . . .   1,800 fr.

Ce qui nous conduira à la quarante-troisième représentation; il y aura en outre, les quinze jours de frais ordinaires à 1,100 fr., ci. . .   16,500 fr.

TOTAL. . . . .   19,300 fr.

Il faudra encore neuf représentations à 2,000 francs pour couvrir cette somme, et nous serons arrivés à la soixante-deuxième représentation pour ne faire que les frais moins 300 fr. et neuf jours des sept représentations, c'est-à-dire moins.. . .   10,200 fr.

Ne voulant pas pousser nos calculs plus loin, le lecteur comprendra parfaitement que s'il y a succès, ce n'est qu'après la soixante-dixième représentation qu'il peut y avoir bénéfice, si la recette s'élève au-delà de 1,100 francs après la soixante-dixième représentation.

Mais, si malgré les dépenses faites pour ce grand luxe de décors, de machines et de costumes, le public ne vient pas, comme dans la *Chouette et la Colombe, le Sylphe d'or* et autres, que devient l'administration? Le succès de *la Duchesse de La Vaubalière, du Sonneur, de Gaspardo, de la grâce de Dieu, etc*, est un succès productif, parce que là il n'y a pas eu plus de frais que pour les ouvrages ordinaires.

Ainsi, toutes ces fantasmagories ne sont bonnes à rien, si ce n'est à tuer l'art et les théâtres. L'Opéra et le Cirque seuls peuvent et doivent en user, parce que c'est là leur spécialité; mais les autres théâtres méconnaissent complètement leur mission et travaillent contre leurs propres intérêts en voulant imiter le Cirque et l'Opéra.

Dans tous les cas, après la grande vogue, qu'elle ait été obtenue par des moyens ordinaires ou extraordinaires, qu'elle ait été ou peu ou très productive, le directeur est bien obligé d'en revenir à ses moutons; alors, le public fasciné, accoutumé désormais aux exagérations, trouve tout froid et languissant; alors, il déserte le théâtre jusqu'à ce qu'une nouvelle merveille vienne exciter sa curiosité éteinte, et ranimer son goût usé et blasé.

C'est donc aux dépends de l'art, aux dépends
de leurs intérêts et du bon sens, que les directeurs sortent de leur spécialité pour suivre tous
la même marche. C'est aussi pour cela que le
public ne peut plus aujourd'hui, comme autrefois, varier ses goûts et ses plaisirs; car les
théâtres, employant tous les mêmes moyens,
font tous la même chose, et obtiennent tous
le même résultat, celui d'habituer les spectateurs
aux surexcitations et aux exagérations morales,
littéraires et scéniques.

Nous avons à Paris trois grands théâtres secondaires : la Porte-saint-Martin, l'Ambigu et
la Gaîté.

Eh bien, quelle différence y a-t-il entre ces
trois théâtres? aucune; tous les trois ont le
même terrain, tournent sur le même cercle et
suivent le même système. Tous les trois roulent
sur le même genre; et cependant, tous les trois
n'avaient pas été créés dans le même but,
leurs dénominations le disent assez.

Le Vaudeville, le Gymnase, le Palais-Royal
et les Variétés chantent sur le même ton et
représentent le même genre d'ouvrages, et cependant ils n'avaient pas été créés pour cela;
voyez les noms inscrits sur leurs façades.

C'est bien pour ces raisons que le public,

comme on l'a déjà vu, ne va plus au théâtre pour y apprécier une œuvre dramatique, c'est pour cela qu'il va à l'Opéra pour Duprez, au Français pour Rachel, au Vaudeville pour Arnal, au Palais-Royal pour Déjazet, au Gymnase pour Bouffé, aux Variétés pour Levassor ou Vernet, à la Porte-saint-Martin pour Frédérick-Lemaître quand il y est, à la Gaîté pour Clarisse, à l'Ambigu-Comique pour je ne sais qui encore, mais rarement, ou tranchons le mot, jamais pour l'œuvre même du poëte.

Le théâtre de la Renaissance, fondé dans des intentions d'art et de concurrence, a méconnu tout d'abord la mission qu'il avait à remplir : il a voulu tout embrasser : l'opéra, le drame, la danse, la comédie et voire même la tragédie; c'est-à-dire que, seul, il a voulu faire, sans subvention, ce que trois théâtres subventionnés n'ont jamais pu faire. Le théâtre de la Renaissance est tombé, comme cela devait arriver.

Le même directeur, désabusé, a reparu sur l'horison théâtrale, avec d'autres idées et un autre système, à ce qu'on dit.

Eh bien! qu'a-t-il fait, lui qui avait payé si cher l'expérience qu'il devait avoir acquise? Il est précisément tombé dans les mêmes erreurs que les autres directeurs : il s'est hâté d'engager Frédérick-Lemaître et a *fait faire une pièce* pour *lui seul.* L'acteur unique a réussi ; mais l'administration y a-t-elle gagné? Dans ce cas elle n'y a gagné qu'un moment ; car dès que ce premier sujet en relief s'est éloigné, le théâtre s'est trouvé veuf de son public, et les portes du temple ont dû encore se fermer sur les talons de son grand prêtre.

Pourquoi? Parce que le charme était détruit : Frédérick n'était plus là. Il avait emporté avec lui les spectateurs et la recette.

Nous dirons donc aux directeurs : si vous voulez prospérer et faire prospérer l'art, restez dans votre spécialité; ne composez votre troupe que d'artistes laborieux, capables de former un ensemble parfait; gardez-vous de poser le diadème sur une seule tête, vous ne couronneriez qu'un tyran, dont le despotisme vous écraserait et dont les caprices causeraient votre ruine; avisez aux moyens d'obtenir le plus d'ensemble possible dans vos représentations ; que tous vos artistes se distinguent, et non pas un seul ; accordez des primes d'encouragement pour les zélés et les actifs, soyez justes pour tout le monde; supprimez, pour toujours, les entrées de faveur, les billets d'administration et tous ceux qu'on vend à vils prix; soyez attentif au goût du public ;

détruisez le monopole des applaudissemens, afin que le public soit seul juge de vos artistes et des œuvres que vous représentez ; renoncez pour jamais à vos réclames de journaux, afin que la presse, libre désormais, éclaire votre administration, guide vos artistes dans la bonne voie, dévoile franchement les délits, nous dirions presque les crimes qui se commettent tous les jours, révèle aux vrais auteurs les fautes qu'ils ont pu faire, les excès où ils se sont laissé aller, et au public les beautés et le vrai mérite des œuvres dramatiques. C'est alors que vous donnerez une nouvelle vie au théâtres que vous provoquerez et obtiendrez de vrais succès d'art, d'estime et d'argent.

Certains directeurs commettent encore une faute bien préjudiciable à leurs intérêts et à celui de l'art, c'est celle d'avoir leurs auteurs privilégiés; c'est-à-dire, des auteurs qui fabriquent exclusivement des pièces pour le théâtre que ces directeurs-là exploitent. Ceux-là ont donc ce qu'on appelle des *faiseurs*; aussi, voyez comme les ouvrages qu'on représente sur ces scènes ont tous la même couleur, ou plutôt la même teinte; tous cette physionomie, cette ressemblance de famille qu'on ne saurait méconnaître. De là, cette monotonie sans fin qui règne toujours et produit toujours le dégoût et l'ennui.

Le mal vient de ce que ces auteurs se sont fait un nom en relief, de la même manière et par les mêmes procédés qu'on a employés en faveur des artistes préconisés par les directions théâtrales.

Les directeurs, imbus de cette fausse idée que, sur l'affiche, le nom d'un auteur avantageusement connu est la garantie certaine de succès, se gardent bien de faciliter l'accès de la scène aux écrivains nouveaux, de sorte que ceux-ci n'ont qu'un moyen, qui n'est pas sans perturbation, nous le signalerons plus bas.

Il faut cependant distinguer deux sortes de directeurs : l'une composée seulement d'administrateurs ; l'autre composée de directeurs et auteurs formant une association, ou si l'on veut une coalition.

La première fait en partie ce que nous avons dit.

La seconde broche en outre et barbouille du papier pour y déposer le fruit de ses réminiscences plutôt que de ses propres pensées.

Le travail de ces directeurs satisfait leur amour-propre d'auteur et leur rapporte les droits qu'ils se paient à eux-mêmes, et, comme ils dis-

posent de tous les moyens à succès, leurs œuvres sont toujours applaudies, toujours admi-
rables, mais hélas ! l'art n'est encore pour rien
dans cette affaire, et le public ennuyé perd le
goût du théâtre et va se récréer comme il peut
ailleurs. Il arrive aussi, dans certains théâtres,
que les coteries l'emportent sur tout.

Pour bien se désillusionner de ses premières
impressions de jeunesse, il faut venir à Paris ,
centre de toutes sortes de fantasmagories, dont
l'œil le plus exercé ne devine pas toujours le
sens. Que de choses nous avons trouvées subli-
mes, en regardant par le gros bout de la lorgnette,
se sont réduites à zéro, quand nous avons re-
tourné l'instrument trompeur.

Notre société n'est-elle pas étrangement cons-
tituée? la corruption est, aujourd'hui plus que
jamais, le moyen le plus sûr de faire tout ce
qui est contraire à la justice, au bien, à la vérité. L'ambition est devenue le véhicule le plus
puissant de l'avilissement moral, en même
temps qu'elle sert à l'*élévation* matérielle, men-
songère et misérable de certains individus, trop
dépourvus de véritable mérite pour parvenir
honnêtement à ce qu'ils appellent *les honneurs
et les hauts emplois*.

La bassesse, vrai piédestal des vils courtisans

qui, sans cette souplesse, par laquelle l'honnête artisan se croirait deshonoré, resterait dans l'oubli le plus profond ; la bassesse est le moyen par excellence, l'effet immanquable. C'est par elle seule que les serviles et les lâches parviennent, le plus souvent, aux honneurs du cordon et aux charges les mieux et les plus largement rétribuées, il faut l'avouer : s'il y a progrès quelque part, ce n'est certainement pas dans nos mœurs. Serions-nous donc condamnés à regretter la marche de notre civilisation ? Mais l'adresse, le savoir-faire, l'intrigue ne se tiennent pas toujours isolés ; ils travaillent en commun, ils s'associent pour accaparer tel théâtre, pour exploiter telle spécialité, pour écarter telle concurrence. Au milieu de la décadence des mœurs, l'esprit d'intrigue et de coterie s'est perfectionné ; les coteries d'aujourd'hui l'emportent bien certainement sur tout ce qui *s'est fait dans ce genre depuis François Ier jusqu'à nos jours.* Et cependant deux grandes révolutions physiques et morales se sont opérées depuis 1789 ; et cependant l'industrie, le commerce, l'instruction, les arts, les sciences, ont fait d'immenses progrès ! et cependant, nous nous disons le peuple le plus éclairé et le plus civilisé du monde ! et cependant, le flambeau de la

presse, comme disent les poètes du temps, luit
à tous les yeux!

Tous ces grands mots : CIVILISATION, PROGRÈS,
INSTRUCTION, PRESSE, n'ont pas empêché et
n'empêchent pas les coteries de s'organiser et
de marcher la tête haute. Qui sait? les hommes
qui se croient, ou du moins qui se disent les
plus civilisés, ceux qui se persuadent avoir fait
le plus de progrès, ceux enfin, qui exploitent
la presse dramatique, forment peut-être autant
de coteries.

Nous avons dit plus haut que quelques administrations théâtrales avaient *leurs faiseurs*;
ce petit entourage d'auteurs, constamment les
mêmes, ferme toutes les issues aux jeunes gens
qui se livrent aux travaux littéraires et dramatiques. Vous, qui lisez les affiches de spectacles,
vous les connaissez ces auteurs; mais croyez-
vous bonnement que vous connaissez tous les
vrais auteurs? Ah bien, oui! Ce sont toujours
les mêmes noms que vous lisez, il est vrai, mais
il n'en existe pas moins, par ci, par là, dans
les quelques milliers de maisons de Paris, quelques centaines d'auteurs dramatiques dont vous
ne vous doutez nullement. Mais hélas! ceux
que vous ne connaissez pas plus que moi sont
fort souvent ceux-là même qui travaillent et

produisent le plus. Voici comment les choses se font :

Un jeune homme a-t-il enfanté une comédie, un drame, un vaudeville, il court aussitôt porter son œuvre au théâtre à qui cette œuvre est destinée, et s'il s'adresse à l'un de ceux dont on vient de parler, *on* lui dit qu'on examinera son ouvrage avec soin et on l'assure que s'il est digne, comme on n'en doute pas, d'une lecture au comité, on *s'empressera* de lui en donner avis. Le jeune homme attend huit jours, quinze jours, un mois; puis, las d'attendre, il se représente de nouveau à l'administration, pour avoir une réponse. L'administration, qui n'a pas perdu de temps, a pris connaissance du manuscrit; un des faiseurs du lieu a été appelé, l'idée neuve du jeune homme, s'il en a eu une, est *communiquée confidentiellement à ce faiseur*, et crac, une pièce nouvelle, sur le même sujet que celle du jeune homme, a été bâclée en un instant. Cette pièce est aussitôt déposée dans les cartons portant un numéro antérieur à celle du véritable auteur, à qui on *s'empresse* de répondre : *Nous sommes bien fâchés, monsieur, de ne pouvoir vous compter au nombre des auteurs de notre théâtre, mais déjà une pièce, sur le même sujet que la vôtre, a été reçue par notre comité il y a fort long-*

*temps, et nous nous préparons à la mettre bientôt
en répétition.*

Tout étonné d'avoir été devancé sur un sujet
dont seul il croyait avoir eu l'idée, le pauvre auteur rentre chez lui, la tête basse, et se creuse
le cerveau de plus belle, espérant être plus
heureux une autre fois; vain espoir! La deuxième
et troisième épreuve n'ont pas un autre résultat. Il faut qu'il s'adresse bon gré, malgré', à
quelque sommité, à quelque auteur en renom.
Il faut donc qu'il se présente chez un de ces
messieurs *bien connus,* et, tout timide, qu'il
lui dise: *Admirateur de votre grand talent, je
m'estimerais bien heureux si vous daigniez jeter
un coup d'œil sur mon ouvrage, pour lequel je
sollicite vos bons avis.* Puis il faut qu'il se hâte
d'ajouter, *qu'il ne tient pas aux droits d'auteurs,
qu'il ne demande qu'une chose, c'est de faire représenter sa pièce.* Alors, le front de l'auteur en
renom se déride à l'instant, le sourire effleure
ses lèvres, et, s'emparant nonchalemment du
manuscrit, il promet de l'examiner. Toutefois,
il croit devoir prévenir que le nom du nouveau
venu ne figurera pas sur l'affiche à côté du sien,
parce que *ce n'est pas dans l'usage;* mais, ajou-
te-t-il aussitôt: *nos deux noms figureront sur*

votre second ouvrage, si vous voulez bien en faire un second.

Le jeune homme sort enchanté, et sa pièce, affichée sous le nom seul de l'auteur en réputation qui n'y a rien fait, est représentée au bruit des applaudissements des *soutiens du théâtre et de l'auteur connu.* Ce beau résultat enivre le jeune écrivain, il travaille à suer sang et eau; la seconde, la troisième pièce de sa façon, éprouvent le même sort que la première. Il se plaint de ce que son nom ne figure pas encore sur l'affiche, on lui donne l'assurance qu'il y sera imprimé en gros caractère la prochaine fois, et enfin, il finit, après bien des veilles, à *partager la collaboration* de celui qui jusqu'à-lors a eu toute la gloire et tout le profit des œuvres du véritable auteur. Voilà par où il faut passer fort souvent pour arriver à se faire connaître.

Quelques unes des administrations théâtrales n'en agissent pas tout-à-fait aussi mal que celles dont nous venons de parler. Celles-là, se contentent de dire au nouveau venu, que, n'ayant pas encore acquis l'expérience de la scène, son ouvrage a besoin d'être revu par un auteur capable et habitué. Alors, *on désigne* au jeune homme un des faiseurs du théâtre, en l'assurant qu'en s'a-

dressant à lui, de la part du directeur, il *voudra bien se charger de retoucher la pièce, à laquelle
il attachera son nom à côté de celui du jeune auteur.* Tout ceci n'est-il pas affligeant et ne porte-
t-il pas atteinte au progrès des théâtres, au dé-
veloppement de l'art et au libre travail des jeunes
littérateurs? Dévoiler de semblables turpitudes
est donc un devoir que la presse doit remplir
dans l'intérêt de la justice, dans celui de la vérité
et du droit de concurrence qui appartient à tous.

Quelques directeurs ont aussi pour système,
de ne peupler leur théâtre que de fort jolies
femmes; sans doute qu'à mérite égal, la beauté
doit l'emporter ; mais si d'un côté se trouve le
talent, et de l'autre seulement le physique, il
faut préférer le talent, parce qu'avec son prestige on est toujours belle, et tandis qu'avec de
la beauté on n'est pas toujours bonne. Entre
Mlle Georges si belle, et Mlle Duchenois si laide,
le choix du public n'a jamais été douteux. *Her-
mione* l'emporta constamment sur *Sémiramis.*
Lafond avait une plus belle taille et un plus beau
physique que Talma; lequel des deux a laissé
son nom à la postérité?

Faut-il citer un exemple plus récent ? Faut-il
nommer Mᵐᵉ Anna-Thillon, cette cantatrice de
la Renaissance et de l'Opéra-Comique? cette

syrène, cette beauté anglaise, qui chante pour les yeux et non pour les oreilles ?

Les jolies femmes sont ordinairement froides, prétentieuses et manièrées ; le jeu de leur physionomie consiste à rester toujours belles. La terreur, l'amour, le dépit, la joie, le remord, la jalousie, la haine et la vengeance les retrouvent constamment les mêmes ; aucun sentiment ne saurait se peindre sur leurs traits immobiles. On n'y voit toujours que l'animation du désir de l'art de charmer. Elles réussissent bien souvent à fasciner les yeux ; mais jamais à toucher les cœurs.

Si un directeur de théâtre a le malheur de jeter le mouchoir à l'une de ses pensionnaires, quel scandale public, quelle perturbation administrative, quel désordre moral n'en résulte-t-il pas ? La sultane favorite met bientôt tout sans dessus-dessous ; nouvelle Roxelanne, elle s'empare des rênes de l'empire, excite son Soliman contre ses rivales, et, les eunuques du sérail, qui ont le malheur de ne pas être de son avis, sont voués aux tracasseries sans nombre qu'une femme irritée sait si bien enfanter pour ses menus-plaisirs, sa satisfaction particulière et sa vengeance féminine.

Il n'y a plus moyen de s'entendre ; le directeur

n'est plus rien ; la directrice fait tout, voit tout, brouille tout et tue tout. Le théâtre, alors, devient comme celui de la Porte-saint-Martin, au temps de M. Harel et de Mlle Georges.

A cela, il y a bien un remède; mais nous nous dispenserons de l'indiquer, par la raison toute simple que pas un des directeurs ne voudrait en user. Nous nous contenterons donc de conseiller à ces messieurs de faire un choix en dehors de leur théâtre, et de ne jamais permettre à l'objet préféré de mettre le pied dans l'intérieur de leur administration.

Tout ce qui a été dit jusqu'ici doit paraître d'autant plus juste que deux exemples frappants se présentent pour en attester la force et la vérité.

Les deux seuls théâtres de Paris dont la prospérité ne s'est pas démentie un seul instant depuis plusieurs années, tandis que tous les autres n'ont pas pu arriver à balancer leurs recettes et leurs dépenses, sont, sans contredit, le Cirque, dont le privilège accorde le droit au directeur d'exploiter les promeneurs des Champs-Élysées, et les Folies-Dramatiques dont nous allons parler tout-à-l'heure. Pourquoi ces deux théâtres prospèrent-ils? Parce qu'ils ne sont jamais sorti de leur spécialité; parce que

les directeurs n'ont pas cherché leurs succès
dans le mérite d'un seul de leurs artistes; qu'ils
ont travaillé toujours à obtenir de l'ensemble
et de la précision dans la représentation des ouvrages qu'ils ont mis en scène; parce que ces
administrateurs ne font jamais vendre et ne
permettent à personne de vendre des billets à
vils prix; parce que s'ils ont de jolies femmes
dans leur troupe, c'est qu'elles ne sont pas seulement jolies, mais qu'elles sont bonnes; parce que les ouvrages qu'ils font jouer par leurs
artistes sont toujours montés avec soin, et
représentés avec un ensemble parfait; parce
que les pièces qu'ils reçoivent ne sont pas
faites pour un seul artiste, mais pour tous
ceux qui doivent les jouer; parce qu'ils n'ont
pas besoin de courir après un acteur en relief,
pour le payer dix fois sa valeur, eux qui n'en
ont que faire; parce qu'ils ne font et ne défont
aucune réputation d'artistes, attendu que tous
sont sur la même ligne et sont traités également.

Que s'il y a bien quelque chose à dire sur la
coterie des auteurs de ces deux théâtres, le reste
marche bien, et, comme il est dans notre nature
de n'être pas parfaits, nous devons des éloges à
ceux qui approchent le plus de la perfection.

Cependant, nous ne saurions nous empêcher de signaler au directeur du Cirque le ridicule qui s'attache à son affiche lorsqu'on y lit constamment le *même nom d'auteur*. N'y aurait-il pas là quelque chose qui ressemblerait à ce que nous avons dit des *faiseurs* de certains autres théâtres? cela serait pitoyable, tout en nuisant aux intérêts de cette administration. Ce qu'il y a de certain, c'est que tous les ouvrages du Cirque sont calqués sur le même modèle. Les évolutions militaires, les tableaux, le sujet même des pièces, tout est d'une uniformité désespérante. Le *Mirliton* n'est qu'une réminiscence, une pâle copie des *Pilulles du Diable*. C'est pour cela que cette dernière féerie n'a pas réussi.

Nous en avons assez dit aux directeurs des grands théâtres pour les éclairer sur leurs intérêts; et les moyens de remédier aux maux qui affligent si cruellement les administrations théâtrales, sont si simples et si faciles à employer, que, si on persiste à n'en vouloir pas faire usage, il faut désespérer de l'art et du théâtre. Dans toutes les choses du monde, ce sont toujours les sommités qui donnent l'élan. Les grands théâtres sont les sommités placées naturellement pour imprimer la marche au petits. C'est donc aux grands qu'il appartient de suivre la bonne voie afin d'y entraîner les petits. Ceci nous ramène tout naturellement à porter nos investigations dans l'intérieur des petites administrations théâtrales, dont la destinée importe beaucoup aux classes peu fortunées, qui n'ont pas les moyens de jouir des représentations des grands théâtres parce que les prix sont trop élevés pour elles.

Des Petits Théâtres.

—

Jusqu'ici, nous ne nous sommes occupés que des théâtres subventionnés et des grands théâtres secondaires privilégiés.

Il reste donc à parler de quelques autres encore. Et d'abord, il existe en outre, à Paris, quatre petits théâtres pourvus, comme les autres, de privilèges bien et dûment donnés et reçus. Ce sont ceux des Folies-Dramatiques, de la Porte-saint-Antoine, du Panthéon et de Saint-Marcel.

L'administration du théâtre des Folies-Dramatiques est, sans contredit, la meilleure de toutes, sans en excepter même celles des grands théâtres. Là, règnent la discipline la plus sévère, l'économie la mieux entendue, la comptabilité la plus exacte, la mise en scène la plus soignée et l'ordre le plus parfait. Aussi, la prospérité lui est-elle acquise depuis long-temps, et elle ne l'abandonnera pas tant qu'elle restera dans sa spécialité et qu'elle conservera ses bonnes habitudes.

Le théâtre Saint-Antoine, au contraire, n'a jamais eu de système bien arrêté, de genre bien positif; il s'est jeté dans la confusion de tous, et n'a jamais rien enfanté de bien, par la raison que sa troupe, formée de comédiens sans emplois réels et appropriés à leurs moyens, ne pouvait donner pour résultat, que des représentations décousues, sans ensemble, et d'une médiocrité désespérante.

Joignez à cela le système de presque tous les directeurs qui se sont succédés à ce théâtre, système consistant à faire jouer de jolies grisettes dépourvues entièrement de talents, qui ne venaient là que pour se montrer, et que l'administration employait de préférence *parce qu'elle ne les payait pas.*

De là ces changements de spectacle presque tous les soirs. Ces dames, une fois en partie de plaisir, ne se dérangeaient pas pour aller jouer leur rôle, elles qui ne craignaient aucune amende, aucune punition, puisqu'elles ne touchaient pas d'appointement.

Il était donc impossible de réussir en suivant une semblable marche, et aussi nous avons vu ce théâtre constamment en déconfiture.

La nouvelle direction sera-t-elle meilleure?

j'en doute; c'est ce que du reste le temps nous apprendera.

Le Panthéon, placé dans le centre de la nombreuse population du quartier latin, avait toutes les chances de succès ; mais là encore régnaient presque tous les désordres que nous avons signalés, et le nouveau directeur a dû, malgré les chances favorables, fermer les portes. Il est pourtant l'associé du propriétaire de la salle. Voilà donc un privilégié, associé au propriétaire de la salle, obligé de fermer ses portes. Mais il y a plus, ce privilégié a pu obtenir de l'autorité la permission de cesser d'exploiter pendant tout l'été. Nous ne nous en plaignons pas ; car c'est une mesure que nous voudrions voir se généraliser pour tous les autres théâtres. M. George, détenteur du privilège, a été un moment sur le point de traiter avec M. Oscar, artiste du Palais-Royal ; mais il parait que la chose a manqué, et que M. George exploitera lui-même, à dater du 1er septembre prochain, si un nouvel acquéreur ne se présente pas avec la condition de payer à M. George une somme annuelle de 18,000 francs pour les loyers de la salle, et le droit d'exploiter. Nous verrons bien [1].

[1] M. George a définitivement traité avec M. Oscar, artiste du Palais-Royal, qui, dit-on, a un ou deux associés.

Le théâtre Saint-Marcel, placé tout près de la barrière de la Glacière, c'est-à-dire dans un quartier peu peuplé, ne pouvait vaincre, en aucune manière, tous les obstacles qui entravaient sa marche.

Il y a eu un moment pourtant où la recette s'est élevée assez haut, sous la direction de M. Antony Béraud; mais ce directeur n'ayant pu amener le public éloigné que par de grands frais de décors, de costumes et de machines, ces frais extraordinaires n'ont pas permis à l'administration de jouir des recettes insuffisantes.

Il était évident que le public, peu nombreux du quartier, ne pouvant pas se renouveler comme celui des quartiers populeux, il devait en résulter qu'un petit nombre seulement de représentations suffirait à satisfaire la curiosité de ce public circonscrit et si minime, et que ce petit nombre de représentations, n'ayant pu produire assez pour couvrir même les frais extraordinaires, l'administration devait toujours se trouver en déficit; c'est ce qui lui arriva.

Ce théâtre ne jouira jamais d'une grande prospérité; seulement, pour balancer ses recettes et ses dépenses, il faudrait que le directeur s'arrangeât de manière à varier infiniment son répertoire, et à ne faire représenter que des ouvrages qui n'exigeraient aucun frais.

Là, on joue le drame, le mélodrame, la féerie et le vaudeville. C'est trop de plus de moitié.

Comment voulez-vous qu'avec si peu de moyens un directeur puisse composer une troupe capable de passer du grave au doux, du plaisant au sévère et du fantastique à la réalité?

Les administrations des petits théâtres ne comprennent pas qu'elles ont à faire au peuple, et que le peuple a besoin, non seulement de s'amuser, mais encore de s'instruire. Que font-elles pour cela? tout le contraire de ce qu'il faudrait qu'elles fissent. Donc, elles manquent leur but, elles méconnaissent leur mission.

La nouvelle administration fera-t-elle mieux? c'est encore le temps qui nous l'apprendra[1].

Ici ne s'arrête pas le nombre des théâtres ; nous en possédons encore quatre autres, sans compter quelques uns, tels que ceux du Mont-Parnasse, du Gros-Cailloux, qui s'ouvrent et

---

[1] Ce théâtre a été vendu le 30 juin dernier à M. Philippon de la Madeleine, qui, dit-on, a du mérite et qui l'exploitera lui-même, s'il ne trouve pas de locataire.

se ferment à chaque instant, de la foire Saint-Laurent, qui ne joue que les dimanches, de Molière, de Chantereine et autres qui ne sont là que pour servir d'amusements à des jeunes gens s'essayant à marcher sur les planches, et quelquefois à de pauvres artistes qui n'ont pas d'autres moyens de se faire voir.

Les quatre théâtres dont nous voulons parler, sont ceux de Mme Saqui, des Funambules, du Petit Lazary, placés à côté l'un de l'autre sur le boulevard du Temple, et le théâtre du Luxembourg, dont les portes s'ouvrent sur le jardin de messieurs les pairs de France.

Ces quatre théâtres ne sont pas privilégiés; ils n'existent qu'en vertu d'une tolérance que le ministre de l'intérieur et le préfet de police leur ont accordée. Aussi, combien de taquineries viennent incessamment assaillir ces pauvres administrations! Que d'exigences de la part de la police! Que de menaces de faire fermer sortent de la bouche des employés, des officiers de paix et de tout ce qui constitue la haute et la basse surveillance! C'est là qu'il faut de la patience, du sang-froid et de l'adresse pour conjurer tous les orages qui grondent et toutes les tempêtes qui surgissent!

Malgré tout cela, ces petits théâtres, dont les

prix sont à la portée du véritable peuple, n'en font pas moins assez heureusement leurs petites affaires.

Le théâtre de Mme Saqui, a pris naissance entre la demi-tasse et le petit verre. Sous le titre de : *théâtre sans prétention*, il existait un café-spectacle qui prit ensuite le nom de *café d'Apollon*, situé précisément sur le même terrain où s'élève la salle de Mme Saqui. Le maître de cet établissement avait, pour attirer les consommateurs, quelques saltimbanques bien lestes, bien joyeux, qui s'exerçaient aux sauts de carpes. Un peu plus tard, un danseur de corde vint y élire son domicile; la corde lâche, la corde tendue, enfin toutes les cordes du monde servaient de marche-pied au maître du café pour arriver à de bonnes recettes. Plus tard encore on se permit quelques scènes dialoguées, puis arrivèrent des jongleurs qui, par leur adresse, firent accourir, de tous les quartiers les plus éloignés, les amateurs de dextérité qui ne pouvaient se donner le plaisir de les voir qu'en consommant force petits verres d'eau-de-vie et autres liquides qu'on payait fort cher. Le but de l'entrepreneur était atteint. Mais comme tout s'use ici bas, et la corde plus que certaines autres choses, il fallut trouver de nouveaux jeux et d'autres amusements. Tout ce qui

existait fut donc remplacé par des cabrioleurs,
par des mimes, et je ne sais quoi encore. L'autorité, toujours récalcitrante et toujours prompte
à barrer le chemin à certains industriels, l'autorité ne permit le geste qu'à la condition qu'il
ne se ferait qu'après la cabriole. De sorte que
l'amoureux de la troupe était obligé de faire un
tour en l'air d'abord, avant de gesticuler son
amoureuse flamme. La jeune ingénue, de son
côté, ne pouvait y répondre qu'après avoir pirouettée trois fois sur les talons. C'était fort
divertissant.

Vinrent ensuite M. et Mme Saqui, dont le nom
si célèbre survit encore.

Des acrobates de toutes sortes, des sauteurs
de tous genres, des nains, venus tout exprès de
Parme, furent engagés. On dansa sur une corde,
puis sur deux. Des grotesques d'Italie s'élevaient
jusqu'aux frises et retombaient avec grâce sur
la corde élastique, qui les renvoyait de nouveau
dans les airs ; mais qui les rendait bientôt à leur
centre commun. C'était surprenant.

Mme Saqui fit de très bonnes affaires ; elle
acheta l'établissement, et parvint à varier ses
exercices en les entremêlant de quelques pantomimes du genre italien. Tout allant pour le
mieux, elle fit bâtir la salle de spectacle telle

que nous l'avons vue jusqu'à ce jour, et se ha-
sarda, non sans péril, a y faire représenter quelques petits vaudevilles à trois personnages; il
lui était interdit d'en avoir quatre en scène.

Dans cet etat de chose, M. Bertrand, directeur lui-même des Funambules, proposa une
association aux époux Saqui. La proposition fut
acceptée, et la société fut formée. M. Bertrand,
qui exploitait toujours son petit théâtre, n'en
était pas moins directeur de l'autre. Ces deux
exploitations rivales excitaient bien quelques
troubles entre les associés, mais nous pensons
que M. Bertrand ne fut pour rien à l'ordre qu'on
donna tout-à-coup de fermer le théâtre de
Mme Saqui. Il fut effectivement fermé pendant un
an, et M. Bertrand, débarrassé de la concurrence, put continuer sa spécialité sans être in-
quiété le moins du monde.

Cependant les deux petits nains, dont nous
avons déjà parlé, Carlo et Carolina, les mêmes
qui tout récemment encore fesaient les délices
du boulevard du Temple, les petits nains donc,
furent mandés chez Madame la duchesse de Berry
qui voulut les voir un jour dans ses apparte-
ments. Cette princesse, après avoir carressé les
deux intéressants lapons, leur demanda des
nouvelles de leur mère. — Hélas! Madame,

s'écria l'aimable Carolina, maman (elle voulait parler de Madame Saqui, à qui tous les deux donnaient ce nom), maman est bien malheureuse ! — Eh pourquoi ? demanda la duchesse. — Parceque, répondit Carolina, on a fait fermer son théâtre, sa seule ressource et la nôtre.

Madame la duchesse de Berry, s'intéressant vivement aux deux charmants enfants, fit lever l'interdit et obtint la réouverture du théâtre.

Pendant que je suis sur ce sujet, je ne puis résister au désir de faire connaître ici la petite Carolina, si applaudie, si aimée des habitués du théâtre de Madame Saqui.

Carolina est de la taille de trois pieds trois, pouces; elle est âgée de vingt-cinq ans. Ses formes sont arrondies et bien potelées; sa démarche et toutes ses poses sont gracieuses. Sa bouche, quoiqu'un peu grande, est pleine de grâce parce qu'elle sourit toujours agréablement. Ses yeux sont vifs et animés; ses petits pieds, bien attachés, fonctionnent avec légèreté; ses bras, bien ronds, ne sont jamais mal placés; et ses gestes, peu multipliés, sont toujours justes. Il y a peu d'actrices, dans nos grands théâtres, douées de plus d'intelligence que cette charmante petite personne. A la lecture d'une pièce, elle saisit tout d'abord le personnage qu'elle doit re-

présenter, et à la première répétition, son rôle
est déjà nuancé dans le vrai sens qu'il doit être
pris. Sa voix n'est ni belle, ni fraîche, ni forte,
ni agréable ; mais elle sait lui donner tant d'a-
nimation et de charme, elle prononce si nette-
ment les paroles qu'elle chante, sa méthode est
si vraie, si naturelle, qu'on a toujours du plaisir à l'entendre. Ses talents sont variés pres-
qu'autant que le jeu de sa physionomie : elle
joue la comédie avec abandon, et la pantomime
avec expression. Elle chante, elle danse aujourd'hui sur les planches, elle qui jadis mar-
chait aussi sur la corde, elle danse avec un tact,
une gentillesse et une précision qui font oublier
sa faiblesse dans certains cas. Enfin ; c'est une
petite miniature que tous ceux qui l'ont vue ont
applaudie avec enthousiasme, et que tous ceux
qui la connaissent particulièrement, aiment et es-
timent, parce qu'elle est fort laborieuse et d'un
caractère aimable et enjoué.

Son frère Carlo, est aussi fort intelligent. Il a
deux ans et six pouces de plus que sa sœur.

Ce petit couple vient de terminer avec l'administration du théâtre de Mme Saqui; et un engagement, que les deux nains viennent de contracter
pour l'Amérique, a rompu tous les liens qui
les retenaient à Paris.

Ils vont donc partir pour Londres d'abord, et de là un vaisseau les conduira à leur nouvelle destination. Souhaitons leur bon vent, succès et santé à tous les deux; ils le méritent bien sous tous les rapports et particulièrement sous celui du touchant amour fraternel qui les unit et les anime si admirablement tous les deux.

Mais revenons à nos moutons.

Enfin 1830 arriva, et, pleine et entière liberté étant laissée momentanément à tout le monde, Madame Saqui en profita pour s'émanciper. Alors, des ouvrages à quatre, à cinq et même à dix personnages furent représentés sur ce petit théâtre.

Toutefois, Madame Saqui, jusque là si solide sur la corde, lâcha son balancier, perdit l'équilibre et tomba; mais, pour parler sans métaphore, nous dirons qu'après bien des succès d'argent, Madame Saqui éprouva de grandes pertes et fut dans la nécessité de consentir un bail et de vendre l'exploitation de la salle à M. Dorsay.

Le nouveau venu suivit la marche toute tracée, et, usant plus tard de l'émancipation proclamée en juillet, il ne craignit pas d'exploiter le vieux répertoire que la comédie française prétend avoir seule le droit de laisser moisir dans ses cartons.

On vit donc sur cette scène, jadis foulée par des jongleurs, des acrobates et des grotesques, on vit apparaître *les deux Frontin, la Femme juge et partie, George Dandin*, et, qui le croirait? *Le Tartufe.*

Eh bien, tout cela, bien que médiocrement joué, mais pas si médiocrement encore que dans certains départements, tout cela obtint du succès, tout cela fut apprécié, goûté et fort applaudi, par ce peuple qu'on s'obstine à croire si dépourvu de sens et de raison, et surtout si ignorant; tout cela était neuf pour ce public payant trente centimes, et l'observateur a pu se convaincre que les prolétaires ne demandent pas mieux que de s'éclairer et qu'ils attendent la lumière avec impatience.

Il y aurait bien quelque justice de rendre au domaine public le vieux, l'ancien répertoire, dont la comédie française ne fait rien, et d'en permettre l'exploitation aux petits théâtres tolérés, ce serait là jeter aux classes pauvres, qui en feraient leur profit, les vieux rogâtons des classes riches qui les dédaignent et dont elles n'ont plus que faire.

Et puis, pense-t-on que le peuple d'aujourd'hui n'ait pas besoin de savoir distinguer les faux des vrais dévôts? N'a-t-il pas également le

droit de rire de ces George Dandin anciens, qui
leur rappelleraient les Sottenville dont notre société abonde?

Mais je m'écarte de mon sujet. Le théâtre de
Madame Saqui a exploité jusqu'à ce jour, depuis
1830, le drame, le mélodrame, le vaudeville,
la féerie et le fantastique. C'est le vrai théâtre
du peuple, du peuple dont on ne s'occupe pas
assez, du peuple qui, lui aussi, veut aller au
théâtre. Or, comment ceux qui ne possèdent
que trente centimes pourraient-ils jouir des
grandes évolutions du mélodrame, pleurer avec
la femme malheureuse, innocente et persécutée
du drame, et rire aux jeux de mots, aux flons-
flons et aux scènes égrillardes du malin vaudeville, si le théâtre de Madame Saqui n'ouvrait pas
ses portes pour trente centimes? C'est donc un
théâtre utile, nécessaire-même, car il vaut mieux
que le peuple y passe ses soirées, qu'aux esta-
minets des boulevards où chez les marchands de
vin des barrières.

La salle de ce petit théâtre va être bientôt
rebâtie et décorée à neuf. Ses nouveaux
administrateurs se préparent, et, le 1er septembre prochain, l'ouverture en doit avoir lieu
sous la dénomination de : théâtre des Délasse-
ments Dramatiques. Ne connaissant pas encore

le système que veulent suivre ces messieurs, ni
le genre qu'ils ont choisi, nous n'en parlerons
pas. Seulement, dans leur intérêt, nous les
renvoyons aux conseils que nous avons déjà
donnés aux autres directeurs; nous les engageons à éviter toutes les fautes commises par
leurs confrères, et à ne laisser introduire dans
leur administration aucun des nombreux vices
que nous avons signalés plus haut. Nous devons
les engager surtout à ne pas chercher à imiter
le genre de spectacle de leurs voisins, parce
que ce n'est pas le genre de spectacle qui fait la
fortune d'un théâtre, mais bien la bonne administration.

Tous les genres sont bons, hors le genre ennuyeux.

Il s'agit de faire bien ce qu'on fait, voilà le
secret. Pour imiter et suivre la marche du genre
d'un autre théâtre, il faudrait avant tout avoir
les mêmes moyens d'exécution et les mêmes
avantages pécuniaires que lui; Or, en supposant que cela fut, il n'y aurait encore là qu'une
imitation, et l'avantage resterait au premier,
parce que les premières impressions sont toujours celles qui se gravent dans la mémoire et
y règnent plus particulièrement.

Il faut donc se créer un genre nouveau, une

spécialité nouvelle, et fonctionner, sans en sortir jamais, de manière à mériter les suffrages du public. Que le nouveau directeur n'oublie pas que la position de ce théâtre, entre les Funambules et le Lazary, n'en peut faire qu'un théâtre du peuple.

Il est bien évident qu'un directeur qui tiendra constamment à sa spécialité, en n'exploitant que le genre qu'il aura choisi, ne pourra le faire qu'après avoir organisé sa troupe en conséquence. La machine alors ne saurait mal fonctionner; car chaque artiste étant dans sa sphère et placé selon ses moyens et le genre de son talent, tous feront bien, tous contribueront à cet ensemble sans lequel il n'y a pas et il ne peut pas y avoir de représentation théâtrale.

Dans une seconde brochure, que nous ferons paraître bientôt, nous dirons comment et pourquoi la tolérance de ce théâtre a été accordée de préférence à celui qui va l'exploiter. La chose sera curieuse; et, par parenthèse, si d'ici là, la presse nous signale quelques erreurs, comme elles auront été commises de bonne foi et sans nulle intention de nuire à qui que ce soit, nous les rectifierons avec autant d'empressement que de franchise. Mais continuons.

On assure que déjà le toléré de ce théâtre

s'est entendu avec la commission des auteurs et qu'un marché entr'eux a été passé. Il serait convenu que les pièces oubliées du vieux répertoire du boulevard pourront être représentées moyennant *cinq francs par acte.* Si le fait est vrai, il y aurait là deux mauvaises choses : la première, c'est qu'il est au-dessus des moyens de ce théâtre de payer 5 francs par acte des vieux ouvrages. La seconde, c'est que si le directeur donne des vieilleries à son public il le fera déserter sa salle. Il n'en peut pas être ici comme du vieux répertoire de la comédie française, dont chaque pièce est un type de mœurs et un tableau mouvant de caractères puisés dans le cœur humain. Les ouvrages représentés au boulevard ne peignent rien, et n'offrent aux spectateurs que des invraisemblances et des exagérations. Or, tout ceci change de mode, et nous marchons si vite dans ce siècle, que le goût d'hier n'est déjà plus celui d'aujourd'hui. Il n'y a donc rien à espérer de ces reproductions anciennes; et d'ailleurs ne serait-ce pas manquer le but et méconnaître sa mission, que de ne pas travailler pour le peuple qui seul fréquente les petits théâtres? Celui de Madame Saqui a toujours prospéré, parce que toujours on n'y a représenté que des ouvrages nouveaux et composés à sa convenance.

Je dis que ce théâtre a toujours prospéré et je dis vrai ; car s'il y a eu des perturbations et des déconfitures, ces déconfitures et ces perturbations n'étaient pas le fait du théâtre, mais le résultat de pertes antérieures et produites par d'autres causes.

Il est certain que les recettes ont toujours suffit, non seulement à couvrir les dépenses, mais encore, malgré le prix élevé du loyer, à donner quelques bénéfices, bénéfices insuffisant pourtant pour combler le déficit auquel nous venons de faire allusion.

—

FUNAMBULES.

Les Funambules ont commencé avec M. Bertrand, et sont encore la propriété de M. Bertrand. Là encore, ce n'était que des danseurs de corde ; là encore, des sauts, des cabrioles et des pirouettes à l'Italienne. Mais comme l'esprit humain tend toujours à empiéter, l'esprit de M. Bertrand lui suggéra l'idée de joindre à sa danse, quelques scènes de pantomime d'abord, puis des pantomimes toutes entières et bien complètes. Seulement, comme l'autorité ne se laisse pas facilement envahir, ainsi qu'on a déjà pu le voir, l'autorité fit ici ce qu'elle avait fait à Madame Saqui. Elle voulut bien *tolérer* la pantomime, mais à la condition que tous les personnages ne gesticuleraient qu'après avoir préalablement chancelé quelques minutes sur la corde raide.

Vous représentez-vous Debureau, car il y était déjà, obligé de faire avec son grand balancier, et sur la corde, trois pas en avant et trois pas en arrière? Vous le représentez-vous lancer son grand bâton dans la coulisse et sauter en scène pour y continuer ou plutôt pour y commencer son rôle mimé? C'était pourtant ainsi que cela devait se faire. Mais qui le croirait? Frédérick-Lemaître, le grand Frédérick a, lui aussi, passé par là! Oui, Frédérick-Lemaître a commencé aux Funambules avec Debureau, aussi célèbre que lui; ils ont joué tous les deux là pantomime après avoir balancé sur la corde raide de M. Bertrand, qui du reste est resté, depuis lors, toujours dans sa spécialité; car, s'il est vrai que la corde a disparu de son théâtre, il est également vrai que Pierrot, Cassandre, Arlequin et Colombine en font encore les délices, et que le directeur de tout cela a fait fortune.

C'est encore là un des plaisirs, un des amusements du peuple, qui peut en user moyennant vingt centimes.

Les feuilletons spirituels de M. J.-J., y ont fait accourir la haute société qui, encore aujourd'hui ne dédaigne pas toujours de se trouver en contact avec les aimables titis du boulevard.

M. Bertrand est fortement protégé des administrations, des ministères et de la police, on n'en connaît pas la cause; mais, dans tous les cas, il faudrait qu'il y eût protection pour tous et non pour un seul, parce que tous, légalement parlant, y ont le même droit.

—

PETIT-LAZARY.

Un peu au-dessus du Café-Gibon ? il existait un petit spectacle de marionnettes, où l'on voyait en même temps des points de vue assez bien dessinés en perspective.

Ce petit théâtre avait pour patron un Italien nommé Lazary. M. Maffé, le même qui, sur le Boulevard un peu avant le Cirque, tient cet établissement, à la porte duquel on voit tous les jours un petit Nain, dont un grand gaillard joue le rôle en gesticulant au bruit de la grosse caisse, qui appelle les amateurs, M. Maffé succéda à Lazary, et continua le même spectacle.

Plus tard tout cela disparut, et une petite salle fut bâtie tout à côté du théâtre de Madame Saqui.

Ce nouveau théâtre prit le titre du Petit Lazary. On y voyait aussi des marionnettes; mais bientôt le dialogue s'en mêla et après quelques mots d'un seul personnage, on chanta quelques couplets. Des couplets on en vint aux scènes décousues, et des scènes aux vaudevilles à trois personnages.

M. Frénois acheta le terrain, y fit bâtir une jolie petite salle et obtint la permission de faire jouer des vaudevilles et de donner jusqu'à trois représentations par jour.

M. Frénois a fort bien réussi, et aujourd'hui sa veuve exploite l'établissement avec succès. C'est encore là un théâtre du peuple. Il y a des places à 20 cent.

THÉATRE DU LUXEMBOURG.

Non loin du Luxembourg, sur l'emplacement qu'occupe en ce moment le théâtre du Luxembourg, il existait une petite maisonnette, où Bobineau, un des Bobèches de la capitale vint établir son domicile.

Bobineau, après avoir fait sa parade à la porte, rentrait dans sa demeure y entraînant tous les nombreux amateurs, qui ne manquaient pas de se rendre à son appel lorsqu'il frappait sur sa grosse caisse, et les émerveillait par ses gentillesses moyennant 10 centimes. Et comme il était de bonne foi et ne voulait tromper personne, on ne payait qu'en sortant, si on avait été satisfait, et tout le monde payait parce que la satisfaction était générale.

Là encore vinrent des spéculateurs qui empiétèrent sur la tolérance restreinte accordée à Bobineau. On chanta, on joua; mais avant tout, la corde, fort goûtée alors, fut tendue et barbouillée de blanc d'Espagne. C'est bien ce qui fit que l'autorité, toujours récalcitrante, ne permit d'abord la pantomime, puis le vaudeville à trois personnages, qu'à la condition que tous les dialogues mimés ou parlés n'auraient lieu que sous une grosse corde bien tendue. C'était ainsi que Pierrot pouvait lâcher son coup de pied à Cassandre et qu'Arlequin faisait fonctionner sa latte historique.

Tout se passait donc sous la corde tendue. Il y avait là un avantage que n'avaient pas eu les Funambules : là-bas, on s'escrimait par-dessus la corde, ici le drame se jouait en dessous. Là-bas, on risquait de se casser le cou, ici on retombait toujours sur ses pieds.

Enfin, là comme ailleurs, la Révolution de Juillet vint y fourrer son nez et l'on joua de tout sans se gêner. Des actionnaires se réunirent et firent bâtir la salle qui existe aujourd'hui et qui n'est que peu éloignée de l'ancien théâtre Bobineau qu'on a démoli.

C'est alors qu'il prit le titre de Théâtre du Luxembourg.

Les actionnaires l'exploitèrent pendant quelque temps; ensuite vint M. Antenor Joly, actuellement privilégié pour le théâtre de la Renaissance, puis après M. Hostein; ces deux MM. y firent merveille.

On y joua avec succès plusieurs grands drames et de fort jolis petits vaudevilles.

Depuis, les directeurs se sont succédés avec

une grande rapidité, et le théâtre fut tous les jours plus malheureux.

Il faut rendre justice aux actionnaires, propriétaires de la salle : ces messieurs n'ont jamais basé leurs bénéfices sur la ruine des entrepreneurs; au contraire, ils se sont soumis de bonne grâce aux exigences des mauvais moments, et le loyer de leur salle, qui d'abord était de dix-huit mille fr., n'est plus aujourd'hui que de huit.

Il faudrait, pour réusssir dans ce quartier, qu'on adoptât un seul et unique genre, que la troupe ne coûtât pas cher et ne fût pourtant pas trop médiocre, que le répertoire fût varié constamment, qu'on ne fît aucun frais de décors, de costumes, de machines, mais que tout fût propre et récent; enfin, il faudrait un directeur qui ne s'occupât que de la réception des ouvrages, de leur mise en scène et de toute l'administration.

Malheureusement, il y a presque toujours eu des directeurs : les uns auteurs, les autres paresseux, d'autres encore qui laissaient le sceptre entre les mains du régisseur.

Le cadre est trop petit, les moyens trop restreints, pour qu'un seul homme ne puisse pas suffire ; et vouloir organiser cette petite machine comme les grandes, c'est se créer des frais inutiles et des perturbations inévitables.

Tous ces petits théâtres, dont les moyens exigus ne permettent pas de payer bien cher les ouvrages qu'on y représente, ne vivent que de rapines et de vols. Les auteurs sont presque tous des pauvres diables qui passent leur temps à défigurer les pièces des autres théâtres. La commission des auteurs en a déjà porté plainte à M. le Ministre de l'Intérieur; elle aurait beaucoup mieux fait de fermer les yeux et de se taire; car il faut bien laisser quelque chose au peuple. Et le peuple, peut-il payer le prix qu'exige la commission? Et puis, les vols des petits sont-ils plus répréhensibles que les vols des grands? Laissons donc marauder les petits sur les grands maraudeurs jusqu'à ce que chacun reprenne sa place en ne fouillant que dans sa propre poche.

Toutefois il est juste de dire que dans le nombre des auteurs des petits théâtres, il en est bien quelques-uns qui pourraient réussir sur d'autres scènes plus relevées.

Mais comment voulez-vous qu'ils y arrivent; toutes les issues ne sont-elles pas barricadées? Ils faut donc qu'ils se résignent à croupir là en attendant le moment où les abords seront plus faciles ailleurs.

Il en est de même des artistes ; et pourtant, ils sont peut-être plus exacts à remplir leurs devoirs que certaines notabilités des grands théâtres; et s'il est vrai que quelques-uns d'entre eux vivent quelquefois en assez mauvaise compagnie, il en est bon nombre fort estimables et dont plusieurs ne seraient pas déplacés sur d'autres scènes.

D'ailleurs, ils ne seraient pas les premiers qui prendraient leur vol ; car il en est déjà plusieurs qui sont sortis de là pour aller plus haut et qui n'y sont pas resté les derniers.

Dans les petits théâtres, règne une activité qui n'existe pas dans les grands, la troupe étant composée du nombre juste des artistes nécessaires, il n'y a ni doublures, ni excédents; de sorte que le travail est incessant. Et puis, un ouvrage, quelque soit son succès, n'a pas, et ne peut pas avoir, un grand nombre de représentations. Il faut donc répéter tous les jours, et répéter encore pour arriver aux nouveautés indispensables. Ainsi tout le monde apprend et apprend vite. On doit pourtant en excepter les artistes de M. Bertrand, qui n'ont pas grand chose à faire, car une pantomime étant une fois

montée, il y en a pour trois mois. Les artistes
des théâtres de Madame Saqui et du Luxembourg sont ceux qui travaillent le plus et obtiennent souvent des succès les mieux mérités.

Café-Spectacle.

Le Café-Spectacle, situé sur le boulevart Bonne-Nouvelle, n'a fait, jusqu'à ce jour, qu'une très-brillante affaire ; c'est lorsque le propriétaire a loué sa salle au directeur du Vaudeville qui venait de voir la sienne dévorée par les flammes. Le loyer que payait le Vaudeville était fort cher, et c'est, je crois, le seul bénéfice qu'ait fait le Café-Spectacle. La salle est fort belle, il y aurait certainement un meilleur parti à en tirer. On joue là des petits vaudevilles pris dans le cadre des grands et appropriés aux exigeances de la tolérance. Nous n'avons pas autre chose à dire de ce Café-Spectacle, dont peu de personnes s'occupent et qui n'est, à tout prendre, qu'une réminiscence assez faible du Café des Aveugles.

On annonce en ce moment la formation d'un troisième théâtre lyrique. Ce serait M. Anténor Joly qui joindrait à son privivilège celui d'exploiter l'Opéra-Comique. Ce directeur aurait l'intention de s'arranger avec le propriétaire du Café-Spectacle et de fonctionner là avec une

8

troupe chantante. Ceci ne nous étonnerait pas, car, aujourd'hui, sur mille spéculateurs industriels, il y en a toujours 999 qui ne font que ce que le premier a créé. C'est plus commode, il y a bien moins de peine à se donner que de chercher à trouver du nouveau. Va donc pour une troisième scène lyrique, puisque la mode est en *ut*. Vous verrez que M. Bertrand sera bientôt contraint de faire chanter son Pierrot Debureau pour complaire aux titis des Boulevarts, qui, eux aussi, voudront user des fugues, des cantilènes et des grands morceaux d'ensemble. Tout cela est divin ; mais tout cela ne présage que des chutes et des culbutes, qu'on sera toujours en droit de reprocher au Ministre de l'Intérieur, s'il continue d'être, comme par le passé, le grand dispensateur des privilèges et des tolérances.

THÉATRES DE LA BANLIEUE.

Il y a autour des barrières de la capitale une foule de petits théâtres dont la moitié est fermée. Le reste est, depuis longtemps, exploité par M. ou Mme Sevestre.

Là, on joue tout ce que les théâtres secondaires de Paris jouent : la comédie, le drame, le vaudeville et la féerie. Le directeur privilégié de ces théâtres ferait peut-être mieux de se créer un répertoire nouveau que de donner celui de Paris que la banlieue, à peu d'exception près, connaît ; car les ouvrages qui ont eu du retentissement ayant déjà attiré tous les habitants peu éloignés de la capitale, il ne peut résulter de leur reproduction, qu'un fâcheux rapprochement. D'ailleurs, c'est toujours la première impression qui reste, ainsi que nous l'avons dit plus haut. Si, au contraire, on montre à la banlieue des ouvrages dont les journaux n'ont pas parlé avec enthousiasme, et qui n'aient pas attiré la foule pendant au moins cent représentations, la banlieue croit qu'ils ne sont pas bons et ne va pas au théâtre. Il y aurait donc un répertoire tout nouveau à faire pour amener les recettes. Ce serait un avantage pour le directeur. Quant à l'art dramatique, il n'a rien à gagner ni rien à perdre à la prospérité de ces entreprises. Les théâtres de la banlieue, toutefois, ont bien leur mauvais côté, c'est celui d'attirer, hors barrières, les ouvriers qui ont déjà trop de penchant à y aller s'y enivrer, et il arrive souvent que ceux qui vont là dans l'intention d'entrer au théâtre, passent la soirée dans les cabarets.

SAINT-GERMAIN ET VERSAILLES.

Le directeur privilégié du théâtre de Versailles est M. Robillon. Il avait sollicité, et je crois qu'il a obtenu l'autorisation de jouer également à Saint-Germain ; mais, le propriétaire de la salle n'ayant pas voulu la lui louer à un taux raisonnable, M. Robillon a dû renoncer à Saint-Germain. C'est fâcheux parce qu'il se peut que sa spéculation n'ait de chance de succès qu'en exploitant alternativement, avec la même troupe, les deux théâtres.

C'est encore le répertoire des théâtres de la Capitale qui est mis à contribution, et, comme Versailles et Paris c'est à peu près la même chose, surtout depuis l'établissement des chemins de fer , il y a lieu de penser que M. Robillon gagnerait aussi beaucoup à se créer un répertoire. Il en a déjà fait l'essai par son *Déluge universel*, qui a procuré de fructueuses recettes, précisément parce que personne ne le connaissait avant et qu'aucun rapprochement n'a pu se faire dans le jeu de sa troupe.

Ce directeur a trop d'expérience pour qu'il soit nécessaire de lui donner des conseils, et d'ailleurs, comme ceux de la banlieue, les théâtres de Versailles et Saint-Germain sont en dehors de ce qui nous occupe.

Théâtres des Départements

—

Tous les théâtres des départements sont en décadence comme ceux de Paris, et même plus que ceux de Paris. Cela ne pouvait pas manquer d'arriver et n'a rien qui nous étonne. La capitale, qui donne l'impulsion aux départements, étant entrée dans une mauvaise voie, il devait y avoir, là-bas comme ici, des perturbations et des désastres.

Nous avons vu qu'à Paris nos théâtres fortement subventionnés, ne font rien de bien et parviennent difficilement à couvrir, avec les recettes, les dépenses qu'occasionnent la mise en scène des grands ouvrages; ceux de l'Opéra et de l'Opéra-Comique surtout.

Eh bien, comment voulez-vous que les directeurs de Lyon, Bordeaux, Marseille, Nantes, Rouen et de tant d'autres villes, qui ne reçoivent qu'une faible subvention, dont la plus forte ne dépasse pas le chiffre de 60 mille fr., comment voulez-vous que les directeurs de ces localités puissent faire représenter les grands ouvrages lyriques dont notre opéra ne nous gratifie qu'avec infiniment de peine? Cela est-il possible? et pourtant, là-bas, comme à Paris, on a joué *Robert-le-Diable, les Huguenots, la Juive, la Muette de Portici, Guillaume Tell, la Favorite, Gustave, la Dame Blanche, le Domino Noir, les Diamants de la Couronne, le pré aux Clercs, le Guitarrero, Zampa,* etc., etc. Enfin, tout ce que nous avons vu à Paris sur nos deux grandes scènes lyriques. Et remarquons bien que si à Paris nous avons assisté à la 215e représentation de *Robert-le-Diable,* c'est tout au plus si on a pu en donner vingt dans la ville la plus populeuse des départements. Avec cela, peut-on retirer les frais de ces ouvrages? non, certainement, en aucun cas.

Cependant, il faut que les directeurs s'exécutent : la première condition que font les autorités des villes où il y a privilège, c'est d'exiger l'Opéra et l'Opéra-Comique ; les abonnés l'exigent, les préfets l'exigent, tout le monde l'exige, parce que tout le monde doit aimer la musique, puisque à Paris la musique est de mode. Oui, mais Paris paye près d'un million pour avoir l'Opéra et l'Opéra-Comique, et vous qui voulez singer Paris, vous ne payez que 60 mille francs ! Si vous êtes aussi engoués que

Paris, payez donc comme Paris. Quoi qu'il en soit, on chante dans la capitale, il faut qu'on chante dans les départements. Si les Parisiennes ont toutes des pianos, il faut que les Lyonnaises, les Marseillaises, les Bordelaises et autres aient également le leur. La musique toujours et partout. Quant à l'art dramatique on n'y songe nulle part. Et on se plaint de la décadence des théâtres ! Où diable veut-on aller avec cet engoûment musical ? Où ? je ne sais ; mais toujours est-il que toutes les troupes des théâtres des départements sont formées dans l'intérêt seul du chant. De sorte que les chanteurs, qui doivent aussi jouer au besoin le drame, la comédie et même la tragédie, y sont insupportables et de toute nullité. Et si quelques directeurs sont obligés d'avoir une troupe de comédie en dehors de l'autre, comme le genre n'est plus que secondaire, la troupe n'est composée que de comédiens médiocres ou mauvais. Le public, n'y trouvant pas son compte, déserte le théâtre quand on n'y chante pas, et l'on s'écrie : *On ne veut plus de drame, plus de comédie, plus de tragédie !* et pourtant ce n'est pas du genre qu'on ne veut plus ; mais bien de la troupe qui ne sait pas l'exploiter.

Il est bien rare qu'un bon chanteur fasse un

bon comédien. Toutes ses préoccupations le portent toujours à chanter juste et le plus haut possible. Quant à l'art dramatique, il le laisse de côté. Il chante, sans prononcer les paroles; on n'en a plus que faire, il chante donc et voilà tout.

Comment voulez-vous que l'art théâtral ne périsse pas avec de semblables éléments de décadence? D'un autre côté, les poèmes d'opéra n'étant que des cadres, propres seulement à y intercaler de la musique, ne contiennent presque jamais aucune scène dramatique. Le chanteur n'a donc pas à s'en occuper. Le chanteur est, et ne peut pas être autre chose qu'un chanteur. L'artiste dramatique a disparu là où il a fallu placer quelques notes de musique.

Faites chanter Mlle Rachel et vous verrez si son jeu, sa diction, sa démarche, ses élans, ses émotions, son énergie, seront les mêmes.

Faites jouer la comédie à madame Damoreau, à Levasseur, à Duprez, etc., sans les faire chanter, et vous verrez s'ils ne sont pas froids; embarrassés, sans tenue, sans ame, sans diction, et sans force. Pourquoi cela ? Parce que toute l'attention des maîtres de chant s'est portée sur la note et non sur la parole ; parce que la méthode des professeurs de musique consiste à faire imiter les chanteurs italiens, qui ont pour eux l'harmonie de leur langue, que nous n'avons pas dans la nôtre, et la nullité de leurs poèmes, que nous avons aussi bien qu'eux; mais qui, chez nous, laisse à désirer, parce que nous voulons, outre le plaisir que procure une belle musique, les émotions vives et fortes que doit produire un beau drame. Il n'est pas besoin de grands efforts pour démontrer que l'art musical, poussé à l'excès, tue l'art dramatique entièrement abandonné. Or, sans l'art dramatique il ne peut plus y avoir de théâtre, et c'est bien précisément ce qui arrivera si les choses, la mode, l'engoûment ne changent pas.

Donc une des causes de la déconfiture permanente des théâtres des départements c'est l'Opéra et l'Opéra-Comique, ces envahisseurs dont les frais absorbent, non seulement les recettes, mais encore tout l'avoir de ceux qui exploitent. Sait-on que les appointements des premiers sujets du chant sont presque à l'unisson de ceux de Paris, à peu de chose près? Il y a, encore une fois, dans tout ceci plus qu'il n'en faut pour occasionner la ruine des théâtres de départements.

Mais ce n'est pas seulement le goût de la musique que les habitants des départements empruntent à la capitale, c'est encore son engouement pour les artistes en relief. C'est bien ce qui fait que tous les ans Duprez, Levasseur, Bouffé et Arnal, mesdames Damoreau et Dorus, mesdemoiselles Rachel et Déjazet, vont en représentations extraordinaires. Sait-on ce que cela produit ? Encore une ruine certaine pour les administrateurs. Et en effet, un mois avant la venue de ces nouveaux messies, les journaux annoncent leur arrivée pour tel jour. Alors les amateurs se privent de spectacle pendant ce mois, se réservant pour les représentations extraordinaires. Voilà déjà une grande perte pour les administrateurs ; puis, comme ces grands artistes visent essentiellement plus à l'argent qu'aux couronnes, ils ont bien soin de faire stipuler sur leurs engagements, un bon nombre de représentations à un taux assez élevé. De sorte que le public, satisfait déjà lorsque la moitié de ces représentations ont eu lieu, se retire et laisse les directeurs dans la douloureuse nécessité de payer les frais de ce qui reste de représentations à donner, avec les bénéfices que les premiers lui ont valu. Fort heureux encore s'ils ne sont pas en retour. Ainsi, le moindre mal qui puisse leur arriver, c'est de ne rien perdre, et de ne rien gagner. Mais il leur reste

toujours les pertes qu'ils auront faites le mois
d'auparavant et celles qui se préparent pour
l'avenir ; car après le départ des gros bon-
nets, le public enchanté ne va plus au théâtre. Pourquoi irait-il ? Après Rachel, Déjazet,
Duprez, Arnal ou autres, pourrait-il supporter
les artistes de la troupe ? c'est impossible. A
Paris, ne dit-on pas qu'il n'y a rien à comparer
à ces phénix ? on dit donc là-bas comme à Paris
et l'on reste chez soi. Les directeurs, abandon-
nés de leur public, ferment leurs portes et font
place à d'autres, qui viennent succomber de la
même manière et par les mêmes moyens. Cela
ne peut pas être autrement ; car les amateurs
des départements veulent absolument tout ce
que Paris veut, parce que sans cela ils ne se
croiraient que des provinciaux tels qu'on les
peignait sous la régence. Visant donc à être à
la mode aussi bien que nos dandys à barbiches
et à lorgnons, ils crient de tous leurs poumons :
de la musique ! de la musique ! Et les artistes
de la capitale ! ou point de théâtre !

Les abonnés et les habitués des théâtres
des départements font la loi. Très-souvent
l'autorité se voit dans l'impossibilé de rétablir
l'ordre troublé par ces messieurs. Pour bien
juger la fâcheuse position où se trouvent pla-

cés les directeurs des théâtres de départements, il faudrait assister aux débuts des troupes nouvellement engagées. Ces débuts ont lieu tous les ans. Tous les ans donc les directeurs font un voyage à Paris pour y chercher les nouveaux artistes qui devront composer la troupe de l'année théâtrale qui va s'ouvrir.

Après bien des peines, bien des sacrifices d'argent, les pauvres directeurs partent de Paris et courent annoncer à leurs abonnés et à leurs habitués les bonnes acquisitions qu'ils viennent de faire. Alors la troupe qui finit cède la place à celle qui va commencer. Les répétitions se succèdent avec rapidité. La mise en scène est soignée, chaque artiste est placé le plus avantageusement possible ; le grand jour arrive ; les portes s'ouvrent ; la salle s'emplit ; l'orchestre se fait entendre ; on va commencer ; le rideau se lève enfin. Le plus grand silence règne d'abord ; mais bientôt les sifflets, les huées ; le bruit des pieds, des mains, des cannes fait un vacarme à ne plus rien entendre. On ne veut pas de celui-là ! celle-ci est détestable. On crie de toutes parts : à bas ! à bas ! c'est mauvais ! baissez la toile !

Trois débuts étant de rigueur, le lendemain et le surlendemain on recommence avec le même charivari. Le malheureux directeur est obligé de renvoyer les artistes repoussés par ce *public* là , il perd ses frais de voyage, les avances qu'il a dû faire aux artistes engagés, et repart de nouveau pour Paris afin de se recruter de rechef.

Conçoit-on rien de plus scandaleux, de plus sauvage, de plus barbare que ce droit que s'arrogent quelques jeunes gens, parmi lesquels il y a bien quelques sots et pas mal d'ignorants, de se constituer juges sans appel en dernier ressort des artistes qui consacrent leur temps à l'étude, aux privations et au travail pour se faire une position honorable ? et c'est sous un régime d'ordre, de liberté, que ces choses là se passent ! mais on n'a rien fait de plus épouvantable sous les monarchies les plus absolues, sous le despotisme le plus insupportable. Et c'est ainsi qu'on traite des artistes ! et c'est ainsi qu'on protège l'art ! Honte ! cent mille fois honte ! à ceux qui se conduisent de la sorte. Eh ! quoi, pourrait dire l'artiste, parce que vous aurez payé un ou deux francs, vous aurez acquis le droit de me repousser, de m'humilier, de me chasser comme un malfaiteur ? Mais un infâme, un escroc, un faussaire, un misérable qui paiera deux francs pourra donc aussi me juger,

me condamner et m'exécuter sur l'heure ? Lorsque des négociants vendent des marchandises
dont vous n'avez que faire ou qui ne sont pas
de votre goût, les sifflez-vous ? les huez-vous ?
les bafouez-vous ? non; vous passez devant leurs
magasins sans y entrer et voilà tout. Eh bien,
pourquoi ne serai-je pas traité comme le marchand ? Ne suis-je pas homme, ne suis-je pas
citoyen, comme lui et comme vous ?

Oui, nous le répétons, honte ! sur ceux qui
en agissent comme nous venons de le dire,
honte à jamais sur eux ! tant qu'on traitera les
artistes de cette manière, ils ne feront jamais
rien pour l'art, puisque le caprice de quelques-
uns peut leur faire perdre en un instant le
fruit de leurs travaux et tout leur espoir dans
l'avenir.

C'est aux autorités locales qu'il appartient
de faire cesser ces infamies, et jamais leurs ri-
gueurs ne se seront exercées avec plus de justice que lorsqu'elles auront servi à la ré-
pression de pareilles horreurs qui violent à la
fois les droits des gens, ceux de l'humanité,
ceux de la morale et de la liberté.

Dans certains départements, déjà l'engouc-
ment de Paris, ou plutôt des dandys de Paris
pour la musique étrangère, a porté ses fruits.

Des troupes allemandes et italiennes parcourent les villes et les villages, orchestre en tête, et font merveille.

La commission des auteurs s'en est émue et elle a signifié aux directeurs de ces localités *qu'elle ne travaillerait* plus pour eux s'ils continuaient à faire représenter des ouvrages lyriques dont les poèmes ne seraient pas de la fabrique française.

Tout cela est bien puérile, mais tout cela n'en existe pas moins. La lutte est donc engagée entre le poète et le musicien, c'est le commencement de la fin. Nous verrons qui l'emportera.

Cela nous conduit naturellement aux auteurs dramatiques à qui nous avons aussi deux mots à dire.

———❖———

9

Des Auteurs dramatiques.

—

Beaucoup d'auteurs dramatiques n'ont pas laissé que de contribuer aussi aux maux que nous déplorons.

Voyez-en de certains se heurtant, se poussant, empiétant les uns sur les autres ; tourmentés surtout de l'ambition d'embrasser toutes les parties de leur spécialité ; voulant tout faire et ne faisant rien de bien ; oubliant l'art pour ne s'occuper que des moyens de fasciner les yeux ou de *terrorifier* les spectateurs par des images dégoûtantes ; renonçant à la vérité pour se jeter à corps perdu dans l'exagération, remplaçant la naïveté par l'impudeur et le sentiment par le ridicule. Cette marche, si facile à suivre, a fait naître un si grand nombre d'auteurs, qu'aujourd'hui l'homme du monde le plus ordinaire se croirait deshonoré s'il n'était le père de quelqu'œuvre dramatique. Nous possédons une foule de petits *Voltaire* qui font des comédies, des tragédies, des opéras, des drames, des mélodrames, des vaudevilles, des ballets mêmes. Tout le monde s'en mêle. Ce peuple là est aux affûts de tous les évènements : il exploite tout ce qui se présente, peu lui importe. L'amour-propre, l'intérêt, la spéculation sont les seuls mobiles qui le fassent agir. Quant à l'art, il n'y songe pas du tout, je vous assure.

Ceci a pris naissance au moment où l'on s'est écrié : « Qui nous délivrera des Grecs et des « Romains ? à bas le vieil hexamètre cadencé « des classiques ! à bas les *seigneurs* et *les gran-* « *des dames*, et le style constamment grimpé « sur des échasses, sans appropriation du lan- « gage au rang du personnage, et sans cou- « leur locale et vraie ! La muse classique, épou- « vantée de ces clameurs sauvages abaissa son « voile sur sa face et se tut.

« Alors, une autre muse, vieille décrépite, « sortit des entrailles de la terre d'où elle était « enfouie depuis des siècles.

« Elle se mit aussitôt à l'œuvre, elle enche- « vêtra ses hémistiches les uns dans les autres, « brisa la césure et le sens dans ses vers, de « peur de tomber dans la monotonie de l'an- « cien style, et enfanta ce genre bâtard qu'on » appelle *romantique*. Ce ne fut pas tout : elle » descendit du comique au burlesque et du gro- « tesque à l'ignoble, de peur de n'être pas as-

« sez nature. Elle affecta le langage des pré-
« cieux ridicules du moyen-âge avec toutes leurs
« actions féroces, de peur de manquer de cou-
« leur locale. Ce nouveau régime, qui nous fai-
« sait retomber dans l'enfance de l'art, déplut
« bientôt et l'on se mit à crier de nouveau :
« c'est encore pis ! » Tout fut donc dans le
cahos. On ne s'entendit plus et la nouvelle tour
de Babel resta debout sur ses frêles fondations.
Les trois unités de lieu, de temps et d'action
furent bannies à jamais. Les quatre parties du
monde étaient trop circonscrites. Si l'ancienne
école faisait des fautes, la nouvelle faisait des
crimes. Si l'ancienne avait de grandes beautés
et de petit défauts, la nouvelle avait de grands
défauts et de très-petites beautés.

Maintenant où en sommes-nous ? qui nous
tirera de ce labyrinthe ? je ne sais. Je ne puis
répéter que ce que j'ai déjà dit : Beaucoup
d'auteurs d'aujourd'hui ne travaillant plus pour
l'art, mais seulement pour les artistes en relief, il n'est plus possible d'espérer d'eux une
œuvre dramatique de quelque portée. Ce n'é-
tait pas ainsi pourtant que nos grands maîtres
procédaient. Racine, Corneille, Molière, s'in-
quiétaient peu des comédiens qui devaient jouer
dans leurs ouvrages. Ils enfantaient des chefs-

d'œuvre d'abord, et ces chefs-d'œuvre étaient représentés ensuite. *Andromaque, Iphigénie, Britannicus, Phèdre, Bajazet, le Tartufe, le Misantrope,* nous offrent des rôles tracés de main de maître. Il n'y en a pas seulement un dans chacune de ces pièces, mais trois, quatre et cinq.

Disons donc, nous, aux auteurs : Voulez-vous travailler pour la gloire de la littérature dramatique? Faites-nous des pièces intéressantes ; puisez dans nos mœurs, fouillez dans le cœur humain, ne vous écartez jamais de la nature; faites rougir le vice et triompher la vertu ; gardez-vous d'outrager la morale, la décence et la pudeur ; stigmatisez et marquez au front la lâcheté, la bassesse et la corruption. Le champ est vaste, vous pouvez y glaner avec profit. Tout le monde y gagnera : vous, l'art et le public.

Mais non, aujourd'hui que tout marche si vite, que tout s'use si promptement, certains auteurs dramatiques aiment bien mieux ne pas perdre leur temps à creuser leurs petits cerveaux. Un roman paraît-il? Vous les voyez aussitôt accourir et puiser dans l'ouvrage imprimé, celui-ci un drame, celui-là un opéra, cet autre un vaudeville ; c'est plus tôt fait. Les feuilletons ne sont-ils pas aussi là pour alimenter la plume de ces messieurs? Et si quelques-uns de ces dramaturges sont devancés dans ces vols que

nous ne pouvons appeler littéraires, parce qu'il
n'y a plus de littérature au théâtre ; ils s'en vont
chercher bien loin dans les vieilles chroniques
poudreuses du moyen-âge, des émotions dignes
des temps les plus barbares; et remuant la fange
toute de vices des âges passés, ils se complaisent
à n'y puiser que de sales images et les actions
les plus atroces. Mais ce qu'il y a de plus divertissant dans tout cela, c'est d'entendre toutes
les plaintes de ces voleurs, récriminant contre
d'autres voleurs et réclamant le droit de propriété en faveur du plus ancien en date.

Que nos auteurs donc enfantent eux-mêmes,
et je leur accorderai sans restriction le droit de
propriété que nul ne pourra jamais leur con-
tester.

Alors seulement nous aurons une littérature
à nous, alors nous ne serons plus réduits aux exceptions qui confirment la règle; alors les œuvres dramatiques réfléchiront la vie et les habitudes du peuple, les mœurs et les ridicules de notre société, et la marche de nos progrès et de nos
institutions; alors, le théâtre deviendra un vaste
miroir où chacun ira se contempler, tout en n'y
voulant voir que son voisin, et la foule ne man-
quera pas à cette lanterne magique représentant la société tout entière.

En attendant, Messieurs les auteurs dramatiques se sont constitués en société, et tous ceux

dont les noms ont figuré et figurent sur les affiches des théâtres privilégiés font partie de droit, moyennant rétribution, de cette compagnie. Il y a déjà là comme on le voit, une ligne de démarcation qui laisse les auteurs des petits théâtres tout-à-fait en dehors. Il y a plus, c'est que s'il advient par hasard qu'un des sociétaires, par besoin ou pour tout autre motif, se permette de descendre jusqu'à donner aux théâtres seulement autorisés un de *ses ours*, refusé par les privilégiés, ce sociétaire ne peut pas faire représenter *son ours* sous son nom ; s'il le faisait, il serait passible d'une amende ou de toute autre chose.

Le but de cette société ne m'est pas encore bien connu, mais en suivant sa marche et en prenant note de ses actes, j'ai cru m'appercevoir qu'elle s'écarte essentiellement du droit commun; et, si je ne me trompe, cette société pourrait bien à la fin devenir une réminiscence des jurandes, des maîtrises ou des corporations. J'ai tout lieu de croire que ce n'est pas là l'intention de la grande majorité de ses membres ; car cette majorité est formée de ce que nous avons à Paris de plus patriotes, de plus indépendants et de plus chauds partisans des libertés publiques.

Cependant, comment expliquer ce droit que prend la commission des auteurs, de traiter aux noms de tous, avec les directeurs de spectacles, et d'exclure, encore au nom de tous, ceux de ces directeurs qui ne peuvent ou ne veulent pas accepter ces traités? Comment expliquer l'engagement pris d'avance par tous les auteurs, et cela sous peine d'amendes, de ne faire représenter aucun ouvrage sur les théâtres qui n'auront pas traité avec la commission? Comment expliquer l'interdit prononcé d'avance sur toutes les administrations théâtrales non comprises dans le nombre de celles qui ont traité? N'est-ce pas là un monopole ou plutôt une coalition, et peut-être les deux à la fois? Vous ne voulez pas payer le prix que nous fixons, ni accepter les conditions? Eh bien! pas un de nous ne travaillera pour votre théâtre. Vous n'aurez pas de pièce, par conséquent vous ne pourrez pas jouer; vous devez donc fermer vos portes et renoncer à votre entreprise; car nous vous coupons les vivres.

Si les boulangers, les tailleurs, les cordonniers et autres industriels et fabricants se réunissaient en société, et professant les mêmes doctrines, et suivant la même marche, tenaient un langage pareil? Ne pourrions-nous pas payer

dix francs un pain de 2 kilos, cinq cents francs
un habit, et deux napoléons une paire de sou-
liers ? Ne qualifierait-on pas cela de coalition, de
corporation, de jurandes, etc ? Je ne veux pas
m'étendre davantage sur ce sujet, me réservant
toutefois d'y revenir lorsque plus éclairé, je
pourrai en parler avec toute connaissance de
cause.

Quoiqu'il en soit, les membres de cette assem-
blée sont bien l'élite intellectuelle de ce que
Paris possède d'esprits élevés, fins et élégants,
et c'est pour cela qu'on ne doit en attendre que
de bonnes et justes choses.

Je pense donc que cette société finira par
comprendre la haute mission qu'elle est appelée
à remplir et que toute son attention se portera
à chercher les moyens de fonder une vraie et
bonne littérature dramatique, en censurant
elle-même ceux qui choquent le bon sens et
l'art, et ceux qui ne font que *retourner les ha-
bits de nos anciens.*

Poursuivons, en attendant, la revue des causes
de la décadence de l'art et parlons un peu des
artistes dramatiques.

Des Artistes dramatiques.

—

Sous l'ancien régime, les comédiens étaient excommuniés de droit et en masse. Il est vrai que cela ne les empêchait pas de conduire leur fiacre, mais cette excommunication enfanta de si ridicules préjugés que tous les artistes dramatiques, placés en dehors de la société, n'étaient que des espèces de Parias, dignes tout au plus d'amuser les grands seigneurs du temps, quand ils voulaient bien ne pas les faire coffrer au Fort-l'Évêque.

La révolution fit heureusement justice de toutes ces absurdités, et leur rendit, bien entendu, leur rang de citoyen; de sorte qu'aujourd'hui on ne saurait dire que l'égalité la plus parfaite ne règne pas en France. C'est à peu près tout ce que nos deux grandes révolutions nous ont légué de plus positif. On devait donc se croire désormais à l'abri de toute perturbation et, sur toute chose, à l'abri de toute aristocratie; nous devions donc être fort tranquilles et sur le présent et sur l'avenir. Nous nous trompions tous; la morgue et l'orgueilleuse susceptible vanité se sont emparées de toutes les classes artistiques, et, pour ne parler ici que des artistes dramatiques, nous dirons que le chanteur prétend avoir le pas sur le comédien, que celui-ci regarde en pitié le danseur et le mime, et que le musicien s'élève jusqu'aux nues afin de mieux planer sur tous. Enfin il y a schisme, aberration et désordre complet. Il faudra s'estimer fort heureux si, pour mettre d'accord ces messieurs et leur assigner le plan qu'ils doivent occuper aux différents dégrés de l'échelle sociale, la France toute entière ne se voit pas encore obligée de se lever en masse pour procéder, par un autre 89, au nivellement de ces nouveaux seigneurs suzerains.

Les artistes dramatiques forment donc trois classes : Les chanteurs, les comédiens proprement dit, et les danseurs.

Rien n'est plus pitoyable que la morgue de ces messieurs les uns envers les autres; mais ces trois classes se divisent et se subdivisent encore à l'infini.

Si le chanteur de l'Opéra est un grand *seigneur*, celui de l'Opéra-Comique n'est qu'un *petit baronet* ; si le tragédien du Théâtre Français est un *potentat*, le comédien du même théâtre, n'est qu'une *excellence*. Quant aux artistes des théâtres secondaires, ils sont regardés en pitié par ceux des théâtres royaux qui, du reste, s'en vengent en rendant la pareille à ceux des petits théâtres. Puis, viennent les lignes de démarcation qui séparent les premiers sujets des seconds et ceux-ci des autres; dans ce monde là, c'est l'ancien régime (*tout pur*), et il n'y a pas de classe en France où l'aristocratie se soit glissée avec plus de succès.

Tous ces messieurs se disent et s'appellent *camarades*. ils se tutoient tous et se déchirent à qui mieux mieux. Il n'y a d'exception à cette règle, que l'exception même, c'est-à-dire, le vrai génie, si l'on peut employer le mot pour désigner l'acteur supérieur.

Les artistes dramatiques dont le mérite réel est tout-à-fait hors ligne, comme celui de Talma l'était et comme celui de quelques uns l'est au-aujourd'hui, sont tous *bons camarades*; leur indulgence est d'autant plus grande qu'ils savent, eux, qu'au commencement de leur carrière, ils en ont eu besoin. Vous les verrez toujours simples dans leurs goûts, affables avec tout le monde et modestes en tous lieux. Après cela, plus vous descendez l'échelle, plus vous rencontrez de vanité, d'amour-propre et de morgue; et si continuant, vous pouvez arriver au dernier échelon, alors vous en verrez de belles! Voila ce qui existe en général. Mais fort heureusement que, là encore, il y a des exceptions, et le temps n'est peut-être pas éloigné où ces exceptions formeront la grande majorité. Déjà les artistes dramatiques ont fondé une association dans laquelle tous indistinctement sont admis moyennant rétribution.

Cette société n'a rien que de légale et d'honorable; elle n'a pour but que de consacrer la mutualité des secours et des protections en faveur de tous, et particulièrement en faveur des plus malheureux. Dans tous les pays, quelles que soient les lois consécutives et fondamentales, il doit être toujours permis aux citoyens de se prêter un mutuel appui.

Cette association, qui compte dans son sein tant de positions diverses, finira par former un lien de fraternité entre tous indistinctement, et le temps amènera, sans doute, une union et une égalité parfaite; c'est ce qui fera cesser tout-à-fait les perturbations dont nous venons de parler.

Dans une des dernières assemblées de cette société, le président a prononcé une allocution pleine de goût, de sens et de raison, dans la-

quelle il a recommandé la discipline la plus sévère, et la stricte exécution des engagements
contractés par chacun de ses camarades. Ceci
probablement par allusion à quelques-uns de
ces messieurs qui ont parfois manqué d'obéis-
sance aux règles établies et aux ordres légaux
des administrations; et à quelques autres qui,
peut-être, ne se sont pas fait faute de violer les
engagements qu'ils avaient pris.

Tout cela est fort bien, et la presse doit en-
courager la société des artistes tant que cette
société ne déviera pas de son but éminemment
juste et méritoire.

Quoiqu'il en soit, on ne peut s'empêcher de
déplorer ce qui vient d'arriver au théâtre de la
Renaissance et à celui de l'Ambigu.

Au premier, nous avons vu un artiste imposant des conditions exagérées et tellement oné-
reuses qu'il était impossible que l'administration
pût en tirer quelque profit. Le procès qui a fini
par faire rentrer dans les limites des devoirs,
dont il n'aurait jamais dû s'écarter, prouve assez combien peu on doit se fier aux promesses
et aux engagements des artistes sans façon;
quand donc les directeurs seront-ils éclairés sur
leurs véritables intérêts? Peuvent-ils traiter encore en sécurité avec de semblables comédiens?

Tous ne devraient-ils pas renoncer à s'en servir ? Parce que déjà ceux qui se sont appuyés sur leur talent, l'ont payé bien cher, parce qu'ils ont été obligés de fermer les portes de leur théâtre aussitôt après les représentations qu'ils avaient données. La Porte Saint-Martin, l'Ambigu et la Renaissance sont là pour l'attester.

D'un autre côté, un tel artiste fait tort à tous les autres, parce qu'il prélève plus à lui seul que dix de ses camarades, et que par là il met les administrations dans l'impossibilité de payer le reste de la troupe; que sa qualité de comédien fait, aux yeux de beaucoup de personnes, retomber sur tous les autres l'animadversion qui s'attache aux mauvais procédés et à la conduite inconvenante d'un seul des leurs. Cela n'est pas juste, mais cela n'en existe pas moins.

Quant aux artistes de l'Ambigu, ils ont fait un acte que nous ne voulons pas qualifier.

Il leur était dû un mois et peut-être plus d'appointements; c'était fort malheureux sans doute, mais ce n'était pas une raison pour refuser de jouer, et cela dans le courant d'un succès d'argent que faisait à ce théâtre le drame de *Lazare le Pâtre*.

Il y a plus, ils ont pris cette mesure désastreuse, justement un lundi, jour où la recette

complète est assurée! Lorsqu'une administration ne paie pas, c'est qu'elle a fait des pertes
antérieures et que si dans les moments de petites recettes, les créanciers se sont abstenus
parce qu'il n'y avait rien à prendre, il est évident qu'aussitôt le succès, tous les créanciers
se présentent à la fois et veulent être payés tous
au même moment. C'est ainsi qu'en agissent
tous ces Messieurs; ils ne voient pas que la
chose est impossible, et que c'est là le moyen
et le seul moyen de tout perdre. Mais toujours
est-il que cela se passe ainsi.

Eh bien, nous le demandons, les artistes
n'auraient-ils pas dû d'abord mettre le directeur en demeure de les payer, et ensuite prendre la marche indiquée par la loi, pour faire
constater leur privilège, et continuer de jouer
afin de donner à l'administration les moyens
de les payer avec les recettes qu'eux-mêmes
auraient contribué à faire?

Mais non, rien de tout cela ne s'est fait : une
arrière-pensée préoccupait sans doute quelques-
uns des plus influents, et le reste se sera laissé
entraîner.

Aussitôt la fermeture, il a été assuré que trois
ou quatre des artistes se sont présentés au ministère de l'intérieur, pour demander au

ministre l'autorisation d'exploiter le théâtre en société à la tête de laquelle se seraient placés naturellement les trois ou quatre solliciteurs. Le ministre de l'Intérieur aurait répondu que cela ne pouvait pas se faire ainsi, que le privilège rentrait à la disposition du ministère et qu'il en userait en faveur d'un autre directeur qui seul devait avoir le droit de l'exploiter. Cette réponse est fort juste, et j'y applaudis si elle a réellement été faite. Toujours est-il vrai que M. Antony Béraud a été nommé et qu'il est aujourd'hui directeur de ce théâtre, c'était bien là sa place, il y sera mieux qu'à la tête d'un petit théâtre. Qu'il y prospère et le fasse prospérer, il a tout ce qu'il faut pour cela, et c'est le vœu de tous ceux qui le connaissent et qui aiment l'art théâtral. On le demande ici, qu'ont donc gagné les artistes de l'Ambigu à refuser de jouer et à faire, par conséquent, fermer le théâtre? Rien que de se trouver tous sans emploi; aussi les a-t-on bientôt vus, eux si empressés de déposer les armes, courir solliciter de porte en porte la faveur de combattre encore. On en a vu s'escrimer jusque sur les planches du petit théâtre du Luxembourg, tant ils étaient possédés de *l'ardent désir d'exercer leur art.*

Ce n'est pourtant pas ainsi qu'en agissent les

10

véritables artistes. L'argent est bien pour quelque chose dans leur pensée ; mais il n'est pas leur premier ni leur seul et unique mobile. Avec l'idée intéressée qui domine aujourd'hui un grand nombre de comédiens, l'art n'est plus qu'un métier comme un autre, et l'habitude est la seconde passion qui fasse mouvoir l'ame froide et calculatrice des prétendus successeurs de Talma.

La seule chose qu'aperçoit le public, c'est l'accomplissement des faits patents dont nous venons de parler ; mais ce qu'il ne voit pas n'en est pas moins affligeant. Il faudrait se trouver dans l'intérieur d'un théâtre les jours où s'insurge la troupe à qui l'administration doit quelque peu, pour apprécier à leur juste valeur tout ce qui se dit d'outrageant contre le directeur malheureux, et toutes les menaces hautement exprimées qui sortent de toutes les bouches. Un relâchement général gagne tout le monde ; on manque audacieusement aux répétitions, ce qui éloigne le jour d'une première représentation, et par conséquent le jour de plus fortes recettes ; on joue son emploi machinalement, ce qui fait déserter le public, et on ne travaille plus, ce qui met le théâtre dans l'impossibilité de marcher. Eh bien! si, malgré tout cela, l'administration fait tête à l'orage, et si, par de grands sacrifices; elle parvient à pouvoir solder l'arriéré, ces messieurs n'en viennent pas moins réclamer l'intégralité de leurs appointements, eux qui n'ont pourtant rempli qu'une très faible partie de leurs devoirs et de leurs engagements, eux qui ont sciemment constitué leur administration en perte. Ceci est non seulement de l'injustice, mais encore quelque chose de plus. Espérons que la leçon que viennent de recevoir à leurs dépends, les artistes qui ont, par leur refus de jouer, contribué à la fermeture de leur théâtre, servira d'exemple aux autres, et que tous maintenant, au lieu de hâter la chute d'une administration malheureuse, prêteront l'appui de leur talent et de leur zèle pour conjurer l'orage et ramener la prospérité. Espérons que tous tiendront les engagements qu'ils auront contractés et que, sous aucun prétexte, ils n'y manqueront plus.

Une jeune actrice vient d'être condamnée à payer 20,000 francs de dédit à un directeur avec lequel cette actrice avait contracté un engagement, bien qu'elle fût encore engagée ailleurs. Elle se prévalait de son état de minorité; mais le tribunal a jugé fort justement qu'il n'est permis à personne de prendre des deux mains, ni de violer la foi des traités.

Voilà encore un fait qui corrigera les jeunes ingénues de faire métier et marchandise de leurs personnes et de se targuer ensuite de leur incapacité pour tromper la bonne foi des directeurs trop confiants dans leur probité d'artiste.

Si les comédiens étaient bien pénétrés de leur art, s'ils savaient apprécier à leur juste valeur la mission qu'ils ont à remplir et la place et le rang qu'ils peuvent occuper, le temps leur serait trop court, et tout ce qui viendrait en dehors de leurs études passerait sans les en distraire un seul instant. Alors, ils seraient véritablement artistes, alors on n'aurait que des éloges à leur prodiguer et des succès à leur prédire.

Aujourd'hui plus que jamais, les artistes sont voués à l'étude; car aujourd'hui, tous sont livrés à eux-mêmes, tous ne peuvent attendre que de leurs travaux cette perfection que tous doivent ambitionner; ce qui suit va les en convaincre tout-à-fait.

Conservatoire.

—

« Autrefois, nous avions un Conservatoire de déclamation, et, bien que le génie ne s'enseigne pas, il n'en est pas moins vrai que toujours, et surtout dans l'art théâtral, l'élève a besoin de conseils et de direction; il a besoin de maîtres expérimentés qui excitent ses sympathies d'artiste. Eux seuls peuvent lui apprendre à analyser et à étudier avec fruit, eux seuls peuvent lui donner la méthode, c'est-à-dire, la moitié du talent. Dans la conversation des maîtres, l'élève s'instruit d'une foule de choses matérielles que le grand acteur ne dédaigne jamais, et dont l'emploi concourt puissamment à l'effet de l'illusion. »

Cette institution était donc bonne à quelque chose. Eh bien, elle n'existe plus. C'est un malheur, sans doute, mais faut-il pour cela que les artistes dramatiques s'abandonnent, sans étude, à tous les écarts de leur imagination? Non, certes; il faut, au contraire, qu'ils redoublent de travail, il faut qu'ils s'étudient à trouver et à connaître les secrets de la nature, qu'ils parlent comme elle fait parler, agissent comme elle fait agir, s'émeuvent, se passionnent, vivent et meurent comme elle fait émouvoir, passionner, vivre et mourir; alors seulement ils pourront s'abandonner à leurs propres inspirations.

Mais avant toute chose, il faut lire, beaucoup lire, il faut meubler sa mémoire des œuvres de nos grands maîtres; un comédien doit être un puits de science, le plus ordinaire doit posséder au moins sa langue et connaître l'histoire; il doit souvent visiter le Musée pour bien se pénétrer des chefs-d'œuvre de nos grands peintres et de nos célèbres sculpteurs, afin d'y puiser la grâce des belles draperies pour ces costumes, et la noblesse des belles poses pour sa personne.

Madame *de Staël*, dans son ouvrage sur l'Allemagne, a dit avec raison : « L'art de la décla- « mation ne laissant après lui que des souvenirs, « et ne pouvant élever aucun monument du- « rable, il en est résulté que l'on n'a pas beau- « coup réfléchi sur tout ce qui le compose. Rien « n'est si facile que d'exercer cet art médiocre- « ment; mais ce n'est pas à tort que dans sa « perfection, il existe tant d'enthousiasme. »

Il ne faut donc pas que les artistes se laissent influencer par cette grande facilité à exercer leur art médiocrement, ils ne sauraient trop, au contraire, se mettre en garde contre ces succès éphémères que leur prodiguent les gens sans goût ; car ils ne sortiront pas de leur médiocrité tant qu'ils prendront cela pour argent comptant.

Le véritable artiste ne doit aspirer qu'aux applaudissements du public éclairé.

Que les artistes n'oublient jamais que la première inspiration leur vient de l'auteur, et que si celui-ci la leur transmet pour la faire arriver jusqu'aux spectateurs, c'est à eux à deviner la pensée du poète, afin de la rendre exactement. Pour cela, le comédien doit approfondir son rôle, bien se pénétrer de tout ce qui constitue le personnage qu'il doit représenter, et ne rien faire qui ne soit dans les allures et dans le caractère de ce personnage.

Mais comme nous n'avons pas la prétention de faire ici un cours de déclamation dramatique, nous laissons à d'autres plus habiles le soin de répandre la lumière sur une profession et sur un art que tout le monde estime et voudrait voir prospérer.

Jetons, avant de terminer, un rapide coup

d'œil sur les écrivains-journalistes, sentinelles
avancées de notre armée littéraire, et sur qui
reposent toutes les espérances des hommes
éclairés, des compositeurs, des artistes et des
auteurs.

Du Journalisme

Relativement aux Théâtres.

—

Si les artistes et les auteurs dramatiques travaillent, chacun à sa manière, à la décadence des théâtres, quelques-uns de ces écrivains journalistes, ces prétendus critiques, ces prétendus maîtres de l'art, n'ont pas peu contribué à amener ce déplorable résultat ; quelques-uns de ces écrivains, ignorants par nature et par habitude, tranchent et parlent de tout en matadors ; ils se croient des petits *Geoffroy* parce qu'ils font un feuilleton avec trois jeux de mots et une demi-douzaine de colibets et d'épigrammes plus ou moins ridicules. L'art est tout-à-fait étranger à leurs dissertations, fort souvent personnelles, et toujours froides et prétentieuses. Viennent ensuite de jeunes Aristarques, à peine échappés des bancs des écoles, qui, se posant comme de graves censeurs, jugent le passé par le présent, qu'ils ne connaissent pas encore ; et l'avenir par le passé, qu'ils n'ont pas pu connaître. La troisième classe des critiques se compose d'écrivains débonnaires dont le refrain est toujours : *Nous devons soutenir les directeurs de théâtres, parce qu'ils exploitent à leurs risques et périls.*

Comme si dans toutes les branches d'industrie, de commerce et d'art, ceux qui les exercent n'étaient pas là à leurs risques et périls! Eh bien, soutient-on les mauvais commerçants, les mauvais industriels, les mauvais artistes peintres, sculpteurs et autres? On voit donc que dans le système de ces écrivains, l'art n'est encore pour rien. Leurs fonctions consistent à dire tous les matins : *L'Opéra fait fureur, les Italiens font fanatisme, l'Opéra-Comique ne désemplit pas, le Théâtre-Français fait merveille, la Porte-Saint-Martin attire la foule, l'Ambigu prospère, le Gymnase regorge de spectateurs, la salle du Vaudeville est trop petite pour contenir le public qui s'y présente en foule,* etc.

Mais la classe d'écrivains la plus funeste à l'art dramatique, c'est, sans contredit, celle qui compte dans son sein, ces littérateurs à tant la toise. Scribes sans pudeur, toujours à la piste des auteurs, des directeurs, des acteurs, des actrices et des compositeurs; sangsues constamment altérées, parce que leur soif d'argent est insatiable. Le venin de ces reptiles est bien certainement ce qui a le plus ulcéré la plaie qui dévore les directeurs, les théâtres, les auteurs, les artistes et l'art lui-même. Lorsque ces écrivains se dévouent, c'est entièrement et sans restriction aucune ; mais lorsqu'ils rencontrent des récalcitrants qui leur refusent leur salaire, oh ! alors, gare aux malheureux ! ils sont pulvérisés tous les matins, jusqu'à ce qu'enfin ils viennent demander grâce en se soumettant aux exigences de leurs bourreaux.

Un feuilletonniste de nos jours, frappé comme nous du scandale, s'est écrié : « N'y a-t-il pas lieu de s'étonner que des journaux graves et consciencieux, qu'aucune puissance au monde ne pourrait déterminer à mentir à leurs opinions politiques, qui, dans les plus grandes occasions, repoussent noblement toute lâche complaisance, qui se font gloire de dire la vérité aux peuples, aux ministres, aux rois eux-mêmes ; qui stigmatisent avec une chaleureuse indignation les écrivains éhontés dont la plume ne trace que les louanges de ceux qui les payent ou qui les comblent de faveurs ; n'y a-t-il pas lieu de s'étonner, dis-je, que ces mêmes journaux se laissent envahir par les réclames de quelques spéculateurs, et se créent, souvent à leur insu sans doute, les dociles échos d'un charlatanisme d'autant plus funeste et d'autant plus immoral qu'il entraînera infailliblement la perte totale de l'art ? »

Ne pourrait-on pas reprocher aux grands journaux leur condescendance et leur inertie par rapport à l'art dramatique?

On sait bien que leurs préoccupations politiques les rendent plus qu'indifférents aux théâtres, on sait bien que les grandes questions gouvernementales absorbent toutes leurs pensées; mais le théâtre ne touche-t-il donc pas aussi à la politique?. Le théâtre n'est-il pas la tribune du peuple? N'est-ce pas au théâtre que le peuple peut s'instruire du passé, apprécier le présent et s'éclairer sur son avenir?

Quant aux petits journaux, il en est peu qui s'occupent exclusivement des théâtres : La politique est aussi pour une grande part dans leurs préoccupations. Le journal intitulé *Revue et Gazette des Théâtres* est peut-être le seul qui fasse de nobles efforts, et, bien que je ne partage pas toujours toutes les opinions de ce journal, je me plais à reconnaître les services qu'il a rendus et ceux qu'il est appelé à rendre encore.

Tout le monde sait, du reste, que les inten-

tions de beaucoup de journalistes sont bonnes
et louables ; mais il n'en est pas moins vrai que
ceux qui ne font rien pour l'art, parce qu'ils
sont trop absorbés dans de graves questions
d'économie politique ou sociale, laissent faire
tout ce qui ne peut manquer de déconsidérer,
de ruiner, de perdre le théâtre.

Comment l'opinion publique peut-elle s'é-
clairer, se former, s'épurer, je le demande,
lorsque, dans le courant d'un journal, la réclame
dit que tout est bien, et que, dans le feuilleton
du même journal, fort souvent un écrivain consciencieux prouve que tout est mal ?

Quand donc traitera-t-on les arts comme la
politique ? Ne sait-on pas que tout s'enchaîne
dans l'ordre social, et que rompre un anneau
de la chaîne, c'est lui ôter toute sa portée,
toute sa force, toute sa valeur ?

Nous savons tous que la nature humaine a ses
faiblesses et ses écarts, et nous concevons les
sympathies. Nous concevons encore le silence
sur ce qui n'est pas tout-à-fait bien ; mais pou-
vons-nous comprendre et qualifier l'action d'un
écrivain qui loue avec passion ce qui est tout-à-
fait mal ?

Qu'est-ce qu'un journaliste sans conviction ?
C'est celui qui dit noir le matin et blanc le soir ;

c'est celui qui épouse toutes les passions de ceux
qui le paient, auxquels il s'est dévoué par état ;
c'est celui qui sacrifie la vérité au mensonge et
à un prétendu bon mot, et la justice à son propre intérêt; c'est celui enfin qui, foulant aux
pieds et la morale et la bienséance, emploie le
langage des halles et des moyens honteux pour
attenter à l'amour-propre de quelques-uns de ses
lecteurs récalcitrants, au talent qui est l'existence même des artistes, et à l'avenir de tous
ceux qui ne le paient pas. Laissons donc ceux-
là et revenons aux autres.

Si les écrivains des journaux veulent efficacement soutenir l'art dramatique, il faut que
leurs dissertations, pour être de quelque poids,
prennent leur source dans la vérité et par conséquent naissent d'eux-mêmes, et non des réclames toujours dictées par les directeurs des
théâtres. Il faut que, ne s'écartant jamais des
convenances, et plaçant leurs jalons sur la ligne
que doivent parcourir les directeurs, les auteurs,
les artistes et les compositeurs, pas un d'eux ne
puisse suivre une autre route, sans encourir
leur blâme et leur critique sévère.

Quand nous en serons là, la presse aura
rempli sa mission, et les théâtres, mieux diri-
gés et plus en rapport avec l'art pour lequel ils

ont été créés, rentreront dans la bonne voie et ne pourront manquer de prospérer.

Il faudrait bien aussi que les journalistes, qui professent un si grand amour pour le peuple, s'occupassent un peu des petits théâtres du peuple dont on ne parle jamais. La chose en vaut bien la peine ; car le peuple c'est la majorité, c'est la nation active et laborieuse, c'est le peuple qui fait la force du pays et qui contribue le plus à son bien-être et à sa prospérité. Le peuple mérite donc qu'on s'occupe de ses plaisirs au moins autant que de ceux des classes riches. Ceci est plus important qu'on ne pense, soumettons donc ces réflexions aux écrivains vraiment amis du peuple, et terminons notre œuvre par quelques considérations générales qui ne seront pas sans importance.

Considérations générales.

—

Par tout ce qui précède on a vu où est le mal et comment on peut le guérir. Chacun de son côté, doit travailler à la réforme générale et pour l'intérêt commun de l'art, selon sa position et dans la proportion de ses forces, de ses moyens et de ses facultés :

L'autorité, par sa protection, par sa vigilance et par ses encouragements;

Les artistes, par l'étude, par le zèle et par la bonne foi;

Les auteurs, par la vraie peinture de nos mœurs et de nos goûts;

Les journalistes par une critique sage, sévère, motivée et sans passion;

Les directeurs, par une bonne administration, exempte de coterie et de déviation à leur spécialité.

Mais si les directeurs persistent à suivre la fausse route qui les a perdus, le ministre de l'Intérieur doit les ramener dans la bonne voie ; car en laissant subsister les privilèges et les subventions, en conservant la haute main et la haute police sur les théâtres, le ministre assume, sur lui seul, toute la responsabilité. Ainsi, tant que les théâtres resteront sous sa tutelle, à sa dépendance et à sa discrétion, c'est sur lui que devra toujours retomber le blâme. Il doit donc surveiller et guider la marche de ces administrations, afin de les faire prospérer et de les forcer toutes à fonctionner dans l'intérêt du public qui paie, et de l'art pour lequel elles ont été créées.

Maintenant que nous savons ce que chacun doit faire pour la prospérité des théâtres, signalons au ministre de l'Intérieur les mesures urgentes que réclame la crise déjà trop prolongée, et que lui seul peut prendre dans l'intérêt de tous. Comme c'est Paris qui donne l'impulsion aux départements, c'est à Paris qu'il faut agir avant tout.

1° Il est évident pour tout le monde que les théâtres éprouvent, pendant l'été, des pertes que peu d'entre eux parviennent à réparer en hiver. Eh bien, pourquoi n'autoriserait-on pas la fermeture pendant la mauvaise saison, d'un quart, d'un tiers et même de la moitié des théâtres? Cette opération pourrait se faire à tour de rôle, de manière à ce que chaque directeur sût à l'avance à quoi s'en tenir.

Les théâtres qui resteraient en activité, se trouveraient alimentés par le public de ceux fermés momentanément, et les directeurs de ceux-ci, qui préalablement auraient fait les engagements de leur troupe en conséquence, n'auraient à supporter que les frais de loyers de leur salle, dont les paiements ne s'effectueraient que dans le cours de la bonne saison.

2° Le droit des indigents n'est-il pas fixé trop haut? Le onzième de la recette brute! C'est exorbitant. Joignez à cela le neuvième prélevé pour les droits d'auteur, et il ne restera plus que 80 pour 100 brut pour payer tous les frais. Dans les moments de crises, comme celles qui désolent les administrations théâtrales, ne serait-il pas juste de diminuer la dépense là où la recette diminue? Nous savons bien qu'on dira que les prélèvements se font au prorata des recettes; mais il en est ici comme des impôts payés par les riches, tandis que les pauvres meurent de faim, quand on leur prend sur ce qui déjà est insuffisant à leurs besoins. Dans tous les cas, le droit des pauvres est trop élevé: la bonne justice veut qu'on ne donne que ce qu'on peut donner. Or, les administrations théâtrales donnent plus qu'elles ne peuvent; il faut donc réduire ce droit.

D'un autre côté, n'est-il pas humiliant, et d'un embarras immense pour un théâtre, d'avoir constamment à son contrôle, des agents étrangers dont l'œil et la main se fourrent partout? Ne serait-il pas plus simple et plus économique. même pour l'administration des hospices, de faire pour chaque théâtre, le compte général des recettes de plusieurs années, et prendre la moyenne de ces recettes pour en former la somme destinée aux indigents? Il y aurait alors abonnement, et tout le monde y gagnerait : les hospices, en économisant les employés dont ils n'auraient plus besoin, et les théâtres par le débarras d'une surveillance toujours inquiète et souvent tracassière.

Puisque l'autorité n'a pas craint de donner à forfait toutes les recettes des établissements destinés aux plaisirs du public, elle peut fort bien simplifier les choses encore et débarrasser la comptabilité qui exige un grand nombre d'employés, par les mains desquels passent toutes les sommes perçues avant d'arriver à leur véritable destination.

L'entrepreneur des hospices n'aurait plus qu'à percevoir sur les bals, les concerts, les jardins, les fêtes extraordinaires, etc., etc., et les théâtres rentreraient dans le droit commun.

3° Puisqu'on donne des priviléges, il faut au moins que les privilégiés se conforment aux règlements et aux ordonnances de police. Eh bien, nous l'avons déjà dit, comment s'exécutent les ordonnances de police concernant la défense des ventes de billets de spectacles? C'est donc au préfet de police à faire exécuter strictement ces ordonnances, et au ministre à retirer les priviléges des mains du directeur qui provoquerait à la vente de ces billets.

4° Puisque tous les théâtres sont sous la férule du ministre de l'Intérieur, pourquoi ne forcerait-il pas les directeurs qu'il a choisis à rentrer chacun dans sa spécialité? Ce serait là une belle et bonne justice qui amènerait d'heureux résultats : On ne verrait plus l'*Opéra* tomber dans l'orgie échevelée et dans le mélodrame déguisé ; on ne verrait plus le *Théâtre-Français*, abandonnant son origine toute littéraire, se ruer sur le drame du boulevart et sur le vaudeville Bonne-Nouvelle. Aux *Variétés*, il y aurait moins de monotonies. La *Gaîté* serait moins triste, et le *Vaudeville* plus malin. Enfin, chaque chose serait à sa place, et le public pourrait varier ses plaisirs; les salles de spectacle auraient plus de visiteurs, et la caisse des administrations plus d'écus.

5° Pour empêcher les gros d'avaler les petits, ne pourrait-on pas interdire au directeur de l'Opéra de donner des représentations les dimanches, lui qui ne doit jouer, d'après le cahier des charges, que les lundis, mercredis et vendredis? Par cette usurpation de droit, ce directeur fait avec les mêmes frais, moins ceux d'affichage, d'éclairage et de garde, le bénéfice de 52 représentations qui, l'une dans l'autre, pouvant être estimées à 6,000 fr., donnent la somme de 312,000 fr. qu'il perçoit indûment chaque année, et aux dépens des autres théâtres. Il y a donc là bien réellement encore une injustice à faire cesser, et un abus de pouvoir à réprimer dans l'intérêt des autres théâtres.

6° Le nombre limité des théâtres fait aussi qu'il y a un nombre limité de salles de spectacle, de sorte que les privilèges ou les tolérances accordés par protection à des administrateurs, ne profitent réellement souvent qu'aux propriétaires des salles; car ces messieurs, bien convaincus qu'on ne peut se pourvoir ailleurs, élèvent leurs prétentions le plus haut possible. Limitez le nombre d'emplacements des magasins, des cafés, etc.,

et vous verrez à quel taux seront les loyers.
Prenons un exemple pour les théâtres : La salle
du petit théâtre de *Madame Saqui*, ne pouvant
donner qu'une recette de 650 fr. par soirée, a
été constamment louée. . . . . . .   20,000 fr.

   Plus pour les assurances. . . .   1,000

   Plus pour les impositions . . .   1,000

   Les droits de police et autres,
l'eau de la ville, etc.   1,000

   Et comme l'exploitant a dû payer
neuf mois d'avance, l'intérêt des
15,000 fr. à 5 0/0 est encore de. . . .   750
                                     ———

                 Total. . . . .   23,750 fr.

   Aujourd'hui que le propriétaire se voit contraint de restaurer la salle (la police l'exige),
il a demandé et obtenu de son locataire 5,000 fr.
de plus, ce qui portera le loyer de cette petite
salle à près de 30,000 fr. Le toléré a versé, en
outre, 10,000 fr. pour sa part dans les constructions. 10,000 fr. perdus pour lui à la fin
de son bail, s'il va jusque là, ou s'il cesse avant.

   Il résulte de ceci que les bénéfices, quand il
y en a, tombent entièrement dans les mains du
propriétaire; et quand il n'y en a pas, c'est
encore le propriétaire qui prend tout ce qui

reste, parce qu'il a privilège avant tous les autres créanciers.

Ainsi, on le voit, sans courir aucune mauvaise chance, pas même les non-valeurs qui affligent tant les autres propriétaires, ceux des salles de spectacles jouissent de tous les avantages.

S'il n'y avait ni privilège, ni tolérance, les choses ne se passeraient pas ainsi; mais, puisqu'il y a des tolérances et des privilèges, le ministre ne devrait-il pas n'accorder les uns et les autres qu'après avoir fixé le prix des loyers proportionnellement à l'importance de chaque théâtre privilégié ou toléré? On sait fort bien que le ministre n'a pas le droit de disposer des biens et immeubles de personne; mais il a celui d'imposer aux privilégiés ou aux tolérés les conditions qu'il croit bonnes. Quant aux propriétaires, s'ils s'obstinent à refuser leurs salles, eh bien, qu'on les fasse fermer ou que ces propriétaires en disposent d'une autre manière, mais jamais pour un théâtre, parce que c'est à leurs risques et périls qu'ils ont fait bâtir ou ont acheté ces salles, et qu'il n'y a rien d'injuste à leur faire subir la conséquence de leur spéculation. Et puisque nous en sommes sur ce petit théâtre, continuons les rapprochements sur lui-même, et disons ce qui est vrai :

Le nouvel acquéreur a obtenu l'immeuble, à la criée par devant notaire, pour la somme de 157 mille francs. Pense-t-on que si cette propriété, qui était louée 20 mille francs par bail authentique, ne s'était pas trouvée placée sous le bon ou le mauvais vouloir de l'autorité, qui pouvait la faire fermer à son gré du jour au lendemain, elle n'aurait été payée que 157,000 fr. ? Non, sans doute; elle eût été payée sa valeur, calculée sur son rapport, si elle se fût trouvée garantie de toutes fâcheuses éventualités, comme les propriétés ordinaires.

Eh bien, aujourd'hui, le ministre n'aurait-il pas le droit de dire à un administrateur toléré : « Vous exploiterez le genre de tel théâtre dans le même local, si le propriétaire veut vous louer sa salle *quinze mille francs*, ou ailleurs s'il ne le veut pas ?

Faisons un petit calcul, ici : L'achat de l'immeuble a été de. . . . .   157,000 fr.

En supposant que l'acquéreur y fasse des réparations pour. . .   43,000

Et il ne dépensera certainement pas cette somme.

La salle reviendra donc à. . .   200,000 fr.

Eh bien, si le propriétaire touche un loyer de 15,000 fr., et le montant d'une année d'avance, ne retirera-t-il pas un bel intérêt de son argent? Il se trouverait placé à plus de 8 p. 0/0; ne serait-ce pas là un beau placement, aujourd'hui que la terre ne rapporte que 2 et 1/2? Il n'y aurait donc dans cette hypothèse personne de lésé, et les administrations théâtrales qui, jusqu'à présent, n'ont travaillé qu'au profit des propriétaires, travailleraient un peu plus pour elles-mêmes.

Le propriétaire de la salle dont nous venons de parler, est un spéculateur qui entend parfaitement ses intérêts. M. le ministre de l'Intérieur pourra se convaincre par la suite de cette vérité : qu'il n'a et n'a pu favoriser que ce propriétaire, tout en voulant pourtant accorder une faveur à son toléré. Nous avons entendu, nous, et bien entendu les paroles suivantes, sorties de la bouche elle-même de ce propriétaire : *Je ne demande pas mieux de louer à quelqu'un sans le sou; pourvu qu'on puisse me payer d'avance le montant de neuf mois ou d'une année des loyers, je ne m'inquiète pas du reste. Au contraire, car si on ne peut pas payer ensuite le courant des loyers, j'expulserai tout me restera acquis, et je recommencerai de plus belle, ou j'exploiterai moi-*

même. Avis donc au toléré, avis également au
ministre et à M. le préfet de police. La salle de ce
petit théâtre vient d'être abattue pour faire place
à une nouvelle construction. Nous recomman-
dons aux autorités d'avoir l'œil sur ces travaux,
de faire bien examiner les vieilles fondations de
ce vieux manoir qui tombe de vétusté, de ne
rien laisser faire qui ne soit conforme aux ordonnances de police, de veiller à la sécurité
publique, tant sous le rapport de l'incendie
que sous celui de la solidité des constructions.
S'il arrivait des désastres plus tard, on ne pourrait les reprocher qu'à l'autorité bien avertie et
mise en demeure aujourd'hui.

La tolérance accordée à Madame Saqui était
juste, cette dame exerçait elle-même et possé-
dait l'immeuble en propriété. La tolérance dont
jouissent MM. Bertrand et Frénois se conçoit
encore, parce qu'ils sont dans la même position que Madame Saqui avait. Mais celle dont
nous parlons n'a pu être accordée que pour
d'autres motifs que nous ne ferons pas connaître
en ce moment, mais que nous nous réservons
de faire connaître plus tard. Ce sera curieux,
nous le répétons, et, là encore, M. le ministre
aura une leçon à recevoir et une mesure éner-
gique à prendre. Nous engageons M. le ministre

de l'Intérieur à ne pas perdre de vue les avis que nous lui donnons ici, car c'est avec connaissance de cause que nous les lui donnons.

En attendant, continuons et faisons faire ample connaissance avec le nouveau propriétaire de cette petite salle.

Quelques faits caractériseront suffisamment le spéculateur dont nous parlons :

Il lui était dû, par le directeur de ce théâtre, une somme de 224 fr. pour assurance non encore échue. Il avait accepté un mode de paiement calculé de manière à ce que la somme entière fût soldée au 30 juin, époque où finissait le bail. Les paiements s'étaient effectués jusqu'alors avec exactitude; le dernier avait eu lieu le 14 juin. Eh bien, le 15 il fit commandement par lequel il réclamait encore les 224 fr. On fut chez l'huissier pour s'en expliquer, et celui-ci déclara qu'il avait ordre de saisir la recette le soir même.

Pour bien comprendre ce procédé, il faut savoir que ce propriétaire a pour habitude de ne jamais donner reçu des à-comptes qu'on lui porte; de cette manière, il est bien sûr qu'on ne peut rien lui opposer.

Toutefois, des offres réelles d'une somme de 80 fr. lui furent faites, et comme les à-comptes donnés y étaient stipulés date par date, il n'eut pas le courage de nier et accepta.

Ainsi, pour 80 fr. qu'il avait consenti à ne recevoir que le 30 juin, il faisait des frais et allait faire saisir dès le 15 ; et pourtant, il avait reçu, par anticipation, le montant de tous les loyers, jusqu'au 1er juillet, et tout le matériel du théâtre le garantissait encore des éventualités. Voilà l'homme. Garde à vous, M. *Ferdinand* le toléré, garde à vous!

Toutes ces petites taquineries n'étaient que pour se venger de ce que le directeur n'avait pas voulu lui céder les lieux avant l'expiration du bail. Il avait bien fait mieux quelque temps avant, ce propriétaire, il s'était introduit dans les lieux, s'était entendu avec un employé pour avoir la liste de tous les artistes à qui il était dû quelque arriéré, et avait soufflé la discorde parmi toute la troupe, promettant de payer ce qui était dû si l'on voulait signer un écrit constatant les sommes qu'on réclamait. L'écrit fut signé et tout me fait croire qu'il a été porté dans les bureaux des Beaux-Arts, afin d'obtenir le renvoi du directeur. Quoi qu'il en fût, la perturbation a été si grande, que le directeur eut mille peines à rétablir l'ordre. Voilà donc un propriétaire qui cherche tous les moyens d'expulsion pour en profiter. Nous le répétons ençore ici : Garde à vous , M. *Ferdinand,* garde à vous !

Voici ce qu'on nous a raconté et certifié : Lors des malheurs de Madame Saqui , les dettes de cette dame s'élevaient à une somme considérable, ce même spéculateur aurait acheté tous, ou presque tous les titres des créanciers, découragés par le peu d'espoir d'être jamais remboursés. Une créance de 10,000 fr. aurait été acquise pour la modique somme de 600 fr. payée comptant, ainsi des autres créances. De cette manière, notre homme se serait trouvé seul créancier. De sorte que s'étant rendu adjudicataire de l'immeuble, il n'aurait pas eu un sou à débourser ; car le montant de la vente étant destiné au paiement des créanciers , il se serait payé lui-même et aurait obtenu la chose pour un prix si minime, qu'on pourrait dire même pour rien. Voilà comment notre propriétaire serait parvenu à se créer un revenu annuel de 25,000 fr.

Voilà en quelles mains seraient tombées les faveurs ministérielles. Que le ministre donc ne craigne pas de porter ses investigations sur ce petit théâtre, et qu'il avise au moyen de rendre à *César* ce qui appartient à *César*; c'est-à-dire qu'il arrange les choses de manière à ce que le toléré par faveur, ne soit pas dépouillé par un propriétaire qui aurait déjà si bien su profiter des circonstances malheureuses pour arrondir sa fortune.

6° L'art ne peut exister sans artistes ; or, pour avoir des artistes, il faut les faire.

Les ateliers de peinture, ceux de dessin et de sculpture, le Conservatoire de musique ont fait et font encore les leurs, et ces arts-là se sont maintenus et propagés ; mais qu'avons-nous pour faire des artistes dramatiques ? Rien. Et l'on se plaint de la décadence de l'art théâtral, quand on ne fait rien pour avoir des artistes dramatiques !

Quelques personnes vont se hâter de dire : Les salles de spectacles ne sont-elles pas *les ateliers* des artistes ? — Oui, mais dans un atelier il y a et il doit y avoir des maîtres pour diriger les élèves. Où seraient donc les maîtres dirigeant les artistes ? Est-ce le public qui leur donnera des leçons ? Ce maître-là pourra bien les corriger, mais les instruira-t-il ? Ce ne sont pas non plus les artistes *du même atelier*, car tous seront placés de la même manière, c'est-à-dire sous l'empire seul de la force de chacun. Et personne entre eux ne saurait porter un jugement bien certain, ni démêler ce qu'il y aurait de bien à imiter ou de mal à éviter.

Le ministre a donc encore la mission de réorganiser un bon conservatoire de déclamation; non un conservatoire dont les professeurs usés, guindés et façonnés dans le goût des *psalmodieurs* d'autrefois, ne feraient qu'empirer le mal; mais une école qui enseignerait la langue telle qu'elle doit être parlée; la diction telle que les règles et l'usage du bon ton l'indiquent; les manières de la bonne société, l'art d'étudier et d'analyser, la méthode enfin qui révèlerait à l'élève les moyens de découvrir les secrets de la nature et ceux de l'art lui-même.

Il faudrait, pour cela, une belle et bonne résolution de laisser tout-à-fait de côté, pour les commençants surtout, ces vieilles traditions qui ne sont là aujourd'hui que pour n'inculquer aux jeunes gens que des antiques réminiscences peu ou point appropriées à notre époque, et à les détourner de nos habitudes de mœurs actuelles et des vrais accents de l'âme et du cœur, qui sont de tous les temps.

Cette école enseignerait encore l'art d'écouter, qui lui aussi tient à l'art dramatique. Elle enseignerait ce langage muet qui sait si bien nous impressionner dans les situations pathétiques.

Elle enseignerait cet autre langage du geste, des mains, des bras, complément indispensable à tous nos discours, à toutes nos actions.

Qui ne sait que le geste suit la pensée et précède la parole? Qui n'a pas éprouvé l'influence qu'exerce sur nous la puissance du geste, celle des yeux, des mains, des doigts et de tous les mouvements que fait la personne qui nous parle?

Mais pour que cette puissance se manifeste et que le charme s'opère, il faut, a dit un écrivain, que tout se corresponde : ainsi, la rencontre qui plaît le plus à l'œil, c'est celle de l'œil; à la main, plaît celle de la main; à la bouche, celle de la bouche. Qu'est-ce que le théâtre, si ce n'est le miroir qui doit refléter toutes nos passions? Or, quelle est la passion qui nous domine et qui nous touche et nous impressionne le plus profondément, si ce n'est celle de l'amour? Eh bien, si en amour, chaque parole est un secret, chaque action un mystère, et chaque faute un sacrilège ; si l'assurance la plus légère y passe pour un serment, et la moindre feinte y devient un parjure, lorsque les autres hommes ne peuvent parler qu'en ouvrant et en fermant la bouche, les amants parlent en ouvrant et en fermant les yeux, ils parlent des bras, du front, ils parlent de tout le visage, de toute la physionomie. Il n'est pas jusqu'à leurs mains qui ne soient éloquentes et persuasives. Les doigts sont comme autant de langues et ne savent pas moins se faire entendre.

Ne sont-ce pas les mains et les yeux bien souvent qui, plus hardis que la bouche, font les premières déclarations? Et lorsque la langue d'un amant timide craint de découvrir les secrets de son âme, ses mains, en pressant doucement celles de sa maîtresse, et ses yeux fixés tendrement sur ses yeux, ne lui expriment-ils pas aussi bien et plus vivement encore ce qu'il éprouve que le discours le plus enflammé?

Les yeux et les mains sont donc ce que l'amour a de plus éloquent. Mais les mains et les yeux font plus encore: ils révèlent les secrets les plus cachés. L'ame tout entière n'est-elle pas dans les yeux? Les yeux noirs indiquent la ruse et l'énergie; les yeux bleus, l'abandon et le désir; les langoureux, la volupté; les louches, la trahison; l'œil tourné un peu de côté montre la curiosité; l'œil fixe et immobile, la réflexion; les yeux brillants manifestent l'amour; ceux qui sont secs et durs, la cruauté; les yeux levés au ciel peignent la douleur; les yeux baissés, la modestie.

Les mains blanches, rondes et potelées, ré-

vèlent assez les beautés des autres appas qui
sont cachés et en font désirer la vue. Elles annoncent aussi l'amabilité et le désir de plaire;
les mains sèches et noires prouvent un caractère hargneux et méchant, celles qui ont les
doigts crochus sont un signe de colère, de ra-
pine et de jalousie; elles avertissent ceux qui les
regardent que ce que l'on ne voit pas ne
mérite pas d'être vu.

La main qui vient badiner autour d'un objet agréable, qui voltige sans cesse comme une
jeune aventurière, et qui, cent fois repoussée,
cent fois forme des entreprises nouvelles, dit
hautement de son maître qu'il est un homme
aimable, galant et entreprenant.

Mais si cette main, plus libre encore, ose porter trop loin son audace, et que d'une main
plus sévère, la jeune beauté qu'on offense
donne un soufflet au peu respectueux amant,
quand la première de ces mains accuse la témé-
rité du galant, la seconde ne fait-elle pas sonner
bien haut la sagesse et la modestie de sa maîtresse?

Lorsque la main d'un amant serre avec tendresse celle de l'objet qu'il aime, c'est toujours
en silence qu'il la serre; et son silence, qui est
en cette occasion l'une des voix de ses mains,
sert à montrer sa crainte et son respect, tandis

que, par une expression contraire, ses doigts et ses yeux annoncent ses désirs et son ardeur.

Quand la présence d'une mère, celle d'un rival ou celle d'un étranger, importune ou gêne deux amants, c'est alors que leur cœur descend dans leurs mains; c'est là qu'il exprime ses mouvements les plus cachés.

Que peut-on dire de plus passionné, que ce que se disent deux mains qui se pressent avec un égal épanchement? Le cœur est alors tout entier dans les mains, comme il est tout entier sur les lèvres des amants qui parlent de leur tendresse.

Quand la femme qu'on aime retire sa main de celle qui la tenait, elle indique suffisamment à son amant qu'il doit se retirer lui-même; mais si elle souffre, au contraire, que sa main continue à presser la sienne, si elle répond à cette pression par une pression semblable, c'est qu'elle s'avoue vaincue, c'est qu'elle partage l'amour qu'on a pour elle, et alors cette main, abandonnée à la discrétion de l'amant aimé, est bientôt portée à la bouche, et mille baisers viennent constater l'union et le bonheur des deux amants.

Dans tout cela, pas un mot n'est venu interrompre cette longue chaîne de plaisirs muets.

Le pouvoir des yeux est quelquefois plus dangereux, mais il n'est jamais plus expressif ni mieux senti.

Les mains n'expriment pas seulement la tendresse, elles parlent souvent avec dédain et emportement. Avec la main on commande, on ordonne, on menace, on frappe, on retient, on congédie; la main donne, elle reçoit, elle demande, elle rend ou elle refuse.

La fidélité est représentée sous la figure de deux mains qui se joignent, pour montrer que c'est par leur moyen qu'on s'engage à son ami, à sa maîtresse, et que cette action seule est le plus expressif de tous les serments.

Les Grâces, les Muses et les arts se tiennent par les mains, un doigt sur la bouche impose le silence; l'index qu'on montre, guide et conduit; la main fermée menace; l'attente et l'impatience s'expriment par les bras croisés sur la poitrine; la surprise et la douleur font tomber les bras; le désespoir et la prière les font lever au ciel. Enfin, tous nos mouvements sont des paroles qui font connaître avec la plus grande vérité, plus grande encore que les paroles même, toutes les sensations que nous éprouvons et toutes les pensées qui nous dominent. Voilà des choses qu'on peut indiquer et enseigner aux élèves; car il ne manque pas d'artistes même qui n'ont pas su les deviner.

Les professeurs de cette école auraient encore la mission de renvoyer à d'autres professions les jeunes gens affligés de défauts de prononciation, tels que le bégaiement, le grasseyement et autres, qui rendent l'artiste quelquefois ridicule, souvent monotone et toujours commun.

N'est-il pas désespérant, en effet, d'entendre sur presque toutes nos scènes, des acteurs et des actrices prononcer les R avec la gorge et les C en appuyant le bout de la langue sur les dents de la mâchoire supérieure?

Et ceux assez nombreux qui prononcent *mé* au lieu de *mais*, *succé* au lieu de *succès*, *féblésse* au lieu de *faiblesse*, *fièvre* au lieu de *fièvre*, etc.

Comment veut-on que le peuple s'instruise en entendant parler de la sorte?

Comment les étrangers viendront-ils à nos théâtres pour y étudier notre langue?

L'art de la parole ne peut être exercé que par la parole vraie. Si la parole est défectueuse, l'art est défectueux. Ce n'est plus l'artiste qui parle; c'est le maçon. Or, comme il est ici question d'art, il faut donc élever et façonner des artistes afin d'arriver sûrement à la manifestation et au progrès de l'art.

TABLE DES MATIÈRES.

—